高等职业教育教材

药学综合知识与技能实训

（活页式）

主　编◎代岐昌　谢依名

副主编◎林宗全　莫耀华

编　委◎杨　凡　李　冲　罗新香

西南交通大学出版社

·成　都·

图书在版编目（CIP）数据

药学综合知识与技能实训 ：活页式 / 代岐昌，谢依名主编. --成都 ：西南交通大学出版社，2023.11

ISBN 978-7-5643-9536-0

Ⅰ. ①药… Ⅱ. ①代… ②谢… Ⅲ. ①药物学 – 高等学校 – 教材 Ⅳ. ①R9

中国国家版本馆 CIP 数据核字（2023）第 207368 号

Yaoxue Zonghe Zhishi yu Jineng Shixun（Huoye Shi）

药学综合知识与技能实训（活页式）

主　编 / 代岐昌　谢依名

责任编辑 / 刘　昕

助理编辑 / 姜远平

封面设计 / GT 工作室

西南交通大学出版社出版发行

（四川省成都市金牛区二环路北一段 111 号西南交通大学创新大厦 21 楼　610031）

营销部电话：028-87600564　028-87600533

网址：http://www.xnjdcbs.com

印刷：四川玖艺呈现印刷有限公司

成品尺寸　185 mm × 260 mm

印张　7.75　　字数　184 千

版次　2023 年 11 月第 1 版　　印次　2023 年 11 月第 1 次

书号　ISBN 978-7-5643-9536-0

定价　38.00 元

课件咨询电话：028-81435775

前　言
PREFACE

为践行《“健康中国 2030”规划纲要》，同时进一步深化教育教学改革，全面提高人才培养质量，推进课程教学内容与教学方式改革，编写适合职业技术学院学生使用的高质量有特色的实验实训教材，培养具有一定的科学文化水平，良好的人文素养、职业道德和创新意识，精益求精的工匠精神，较强的岗位适应能力和可持续发展能力，掌握本专业知识和技术技能，面向药物制剂员、药品调剂员、药品购销员等工作岗位，能够在药品生产企业、医疗卫生机构、药品经营企业等胜任相关药学工作的高素质高层次技术技能人才，编者所在学院联合高校教师、医院药师、企业专家等药学行业技术人员，结合多年的工作经验共同编写了这本学校-医院-企业合作的新形态高职实训教材，供高职药学及药学相关专业学生学习使用。

本教材根据药学工作岗位的实际情况，采用最新的岗位标准，制定综合性实训项目，以训练学生的岗位流程化操作为目的，避免传统的实训用书往往仅仅针对单独一门课程的弊端，避免了由于知识点不连贯、操作标准陈旧等导致的实训不实用的情况。同时，邀请医院、企业一线的专家进行把关，使在校的技能锻炼和岗前培训真正能够衔接实习岗位的具体内容，达到事半功倍的实训效果。

本教材共涉及了 5 大项目，15 个任务，26 个实训模块。每个模块或对应医院的跟岗实习、或对应企业的顶岗实习，将药学专业基础课和药学专业核心课贯穿在一起，以药学专业核心课程重点内容为主要实训要点，让学生在实训之中，将不同科目的知识点进行融会贯通，形成辐射状的知识脉络，训练连贯工作的岗位意识，并将重点和难点重复分布在不同的实训项目之中，通过实训强化专业技能和综合素质。

本书编写工作分工如下：李冲、莫耀华编写项目一，罗新香、莫耀华编写项目二，杨凡、莫耀华编写项目三，代岐昌、林宗全编写项目四，谢依名、林宗全编写项目五。配套数字化资源由代岐昌、谢依名、莫耀华、林宗全、杨凡、李冲、罗新香等共同完成。

在当今医学知识快速更新的时代，限于编者经验和水平有限，本教材不妥之处在所难免，望广大读者在使用中提出宝贵的意见或建议，以便再版时不断修订完善。

编者

2023 年 3 月

目 录
CONTENTS

项目三　药物分析实训

项目四　药理学实训

项目五　处方调剂实训

1

项目一
药物化学实训

任务一

药物化学的一些基本概念

药物化学是药物和化学的结合，是建立在医学、化学和生物学基础上，发明与发现药物、合成药物、阐明药物理化性质、在分子水平上研究揭示药物作用规律的一门学科，是药学领域中重要的带头学科。

药物化学研究的主要内容包括基于生物学科研究所揭示的潜在药物靶点，参考其内源性配体或已知活性物质的结构特征，设计新的、有效的活性化学分子；研究化学药物的结构特征和理化性质；研究化学药物的制备原理、合成路线及其工艺稳定性；研究药物进入体内的生物效应、毒副作用及药物进入体内的生物转化；寻找和发现新药。其中，如何设计和合成新药是药物化学的重要内容。

药物化学的主要任务包括三个方面：一是不断探索研究和开发具有价值的先导化合物，对其进行结构改造和优化，研制出疗效好、毒副作用小的新药，改造现有药物或有效化合物以期待获得更为有效安全的药物；二是实现药物的工业化和产业化，研究化学药物的合成原理、合成路线和生产工艺，选择和设计适合的产业化工艺；三是研究药物的理化性质、变化规律、杂质来源和代谢产物等，为制定质量标准、剂型设计和临床研究提供依据。

任务二

药物化学实验常用玻璃仪器的注意事项

药物化学实验常用玻璃器皿口径有不同型号，连接时可用软木塞或橡皮塞固定相接，玻璃器皿使用时要时刻注意轻拿轻放。

有刻度的容器类玻璃器皿不能用火直接加热，锥形瓶不可用作减压容器，抽滤瓶不可加热。

带活塞的分液漏斗等玻璃器皿用水洗净后，应在活塞和磨口之间垫一张小纸片，防止粘住。

标准磨口玻璃器皿使用时应注意磨口的洁净，切不可有灰尘或沙粒。磨口通常需要涂抹润滑剂，防止反应物或产物受污染，如化学反应中用到强碱，则必须涂润滑剂，以防止磨口连接处受到碱的腐蚀而发生粘连，导致无法拆开。

玻璃器皿使用完后要及时拆除、清洗干净，并分开保存。另外，洗涤时要避免使用去污粉擦洗，以防止损坏磨口。

使用温度计时应注意温度计的刻度范围，切不可当搅拌棒使用。温度计使用后必须慢慢地冷却，切不可立即经冷水快速冷却，从而导致温度计炸裂。

任务三
药物化学岗位基本任务实训

实训一　常用装置的组装

一、常用装置

1. 回流装置（图 1-1）

许多药物化学反应温度都需接近液体反应物的沸点反应才能进行，需用回流装置。回流装置可以用干燥管防潮，不需防潮时，可以除去位于球形冷凝管顶部的干燥管。回流加热之前应在反应液中先放少许沸石，同时根据瓶内液体反应所需的温度，合理地选择水浴、油浴或石棉网等方式加热。

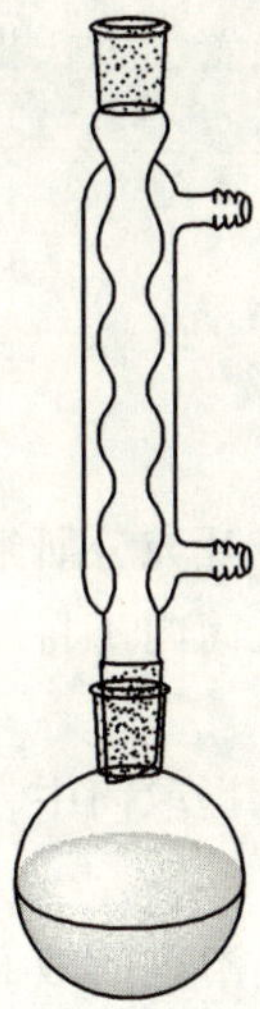

图 1-1　回流装置

2. 蒸馏装置

蒸馏是用来分离两种或两种以上沸点相差比较大的液体或用于除去溶剂时常用的方法。

3. 气体吸收装置

接收反应生成的气体时，玻璃漏斗大口端应稍稍倾斜以使漏斗口一半沉于水中，一半斜伸出水面，这样既有利于防止气体逸出，也可以避免水被倒吸。

4. 搅拌装置

如果药物化学反应是在均相溶液中发生，则通常不必搅拌。如果反应是在非均相间发生，或反应物中的某种物质是需要逐滴加入时，为了尽可能使反应物迅速混合均匀，避免因局部的过浓或过热而导致其他副反应发生，此时需要搅拌；另外如果反应物是固体，不停搅拌则有利于反应顺利进行，在这种情况下也必须搅拌。在药物合成实验时适当地使用搅拌装置既可以很好地控制反应温度，也能够缩短反应时间，并且能有效地提高产率。

二、实训设计

【实训目的】

（1）了解药物化学实验仪器名称与用途。

（2）掌握索氏提取、水蒸气蒸馏、萃取、抽滤等常用装置的组装与操作。

【实训内容】

蒸馏操作装置组装与操作、水蒸气蒸馏装置组装与操作、减压过滤装置组装与操作、索氏提取器组装与操作、萃取与洗涤操作。

【实训材料】

圆底烧瓶、三口蒸馏烧瓶、加热装置、索氏提取器、回流冷凝装置、蒸馏头、接收瓶、布氏漏斗、抽滤瓶、安全瓶与真空泵。

银杏叶、水。

【实训步骤】

1. 索氏提取装置

（1）通过研磨、粉碎的方法将银杏叶充分研细，以充分增大固体和液体两相之间接触的面积，将研碎后的银杏叶放入滤纸筒内（将滤纸卷成筒状，其直径应略小于索氏提取器的提取筒，上下须扎紧）。

（2）将装有待提取物的滤纸筒放入提取筒中，滤纸筒的上沿不得超过索氏提取器虹吸管的顶沿。

（3）从提取筒的上口添加溶剂，当溶剂的液面超过虹吸管的顶部边沿时，溶剂会由于虹吸作用而进入索氏烧瓶（在此之前应在烧瓶内加少许沸石），然后再补加溶剂，记录下加入溶剂的总量。

（4）装上冷凝器，连通冷却水，可以开始加热，此时溶剂沸腾，蒸气通过导管上升到冷凝器，被冷凝后又被滴回至提取筒中，当提取筒内溶剂液面高于虹吸管的顶部边沿时又流入到烧瓶。

（5）被提取物中的可溶性物质被富集到烧瓶的溶剂中。提取完成后，先停止加热，再移除加热装置，提取液自然冷却，如果提取器中还剩有少量提取液，可倾斜提取器，让提取液全部流回圆底烧瓶，最后对药品进行精制。

2. 水蒸气蒸馏装置

（1）在圆底烧瓶中加入约容器 3/4 的水，并加入少许沸石。在三口蒸馏烧瓶部分中加入一定量的溶剂。

（2）装置按从左到右、从下到上的顺序组装。

（3）先打开T形管处的放水夹，加热水蒸气发生器，待有大量连续的水蒸气从T形管冲出来时，立即夹紧放水夹，水蒸气继而进入蒸馏部分，开始蒸馏。

（4）蒸馏的速度应控制在2～3滴/s，不能过快。

（5）待馏出液已澄清透明而不再有油状物出现时，停止进行蒸馏，此时应先打开放水夹，然后停止加热。最后将馏出液用分液漏斗分液。

3. 减压抽滤装置（图1-2）

（1）减压抽滤装置的组装同样按从左到右、从下到上的顺序组装，须注意漏斗下口尖部必须对着抽滤口（以防滤液被吸入支管）。先在滤纸上滴加少许水或相应溶剂，打开开关吸去抽滤瓶中的部分空气，同时保证滤纸紧贴在漏斗底部，以防过滤时固体颗粒从滤纸边缘进入滤液中。滤纸要修剪到与漏斗大小合适。

（2）抽滤时先向滤纸上缓缓滴加上清液，再将过滤物分批加入漏斗中。

（3）抽滤结束时，先拆除抽滤瓶与真空泵之间的橡皮管，如中间连有安全瓶可将安全瓶上的玻璃阀打开以连通大气（以免水倒吸到抽滤瓶内），然后拆去装置，取下漏斗后放于烧杯中，滤液从抽滤瓶上口倒出。

（4）如果抽滤后的固体需洗涤，可以加少量溶剂到固体上，静置2～3 min，最后抽干。

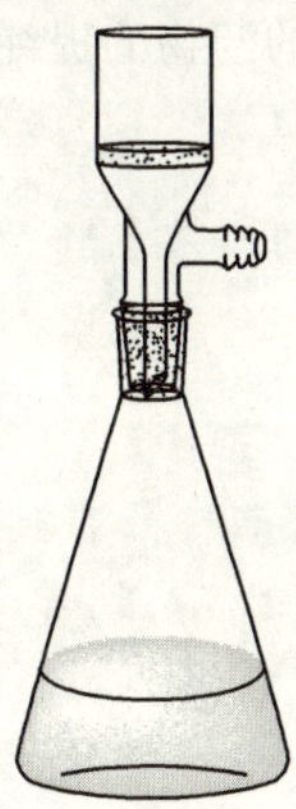

图1-2　抽滤装置

4. 有机溶剂萃取装置

有机溶剂萃取法简称萃取，即采用分液漏斗通过有机溶剂把水相、固相中溶解于该溶剂中的组分分离出来。

（1）检查分液漏斗密封性是否良好。

（2）左手把持分液漏斗的活塞，漏斗下口向左上方，分液漏斗上口稍低于漏斗下口，通过前后旋转的方法使分液漏斗中液体产生振荡。

（3）将分液漏斗放于铁架台的铁圈上静置。

（4）打开分液漏斗上部的活塞，再旋开下部旋塞，让下层液体从下端放出，放至油水界面与旋塞上口相切时关闭旋塞。

（5）将上层液体从分液漏斗的上口倒出，萃取后的有机相最后用水或饱和食盐水水洗。

【注意事项】

（1）水蒸气蒸馏方法提取挥发油时溶液需保持微沸，流出液以每秒 1～2 滴的流速较为合适。

（2）使用索氏提取器时，被提取物的高度不能超过虹吸管的高度，仪器按由下至上的顺序组装，冷凝水按下口进、上口出的方式接通，提取溶剂须由上部加入提取管中，烧瓶放于水浴上加热提取，通过调节温度以防止提取的溶质在烧瓶壁结垢或炭化。索氏提取器虹吸管弯而细，因此容易折断，在安装仪器和实验过程中对虹吸管需特殊保护。

（3）仪器组装完成后，各部分应保持在同一平面，以确保各连接部位的气密性较好。

（4）适合萃取分离的混合物需满足两个方面的条件：一是两个相互接触的液相完全不互溶或部分互溶；二是被萃取的溶质组分和稀释剂在两液相中的分配比不相同。

（5）分液漏斗洗涤干净后应把塞子拔出来，不能插在分液漏斗中，分液漏斗长期不使用时，应在活塞面夹一纸条以防止活塞粘连，同时应用橡皮筋套住活塞，防止活塞掉落。

思考与探索

（1）索氏提取法与回流提取相比有哪些优缺点？

（2）水蒸气蒸馏适合于什么类型的药物的提纯？

实训二 阿司匹林的制备及纯度测定

一、基本知识

阿司匹林是一种家喻户晓的常用药，其自 19 世纪末发明至今，主要用来治疗头痛与发热，近年来发现其还有其他方面的疗效。

我们的祖先在远古时代就知道咀嚼柳树的叶子或枝条能解热镇痛。1828 年德国的药学家布赫勒从柳树叶中提取出了水杨苷，发现其水解后可得到水杨酸和葡萄糖，因此水杨酸又叫作“柳酸”，但是水杨酸对胃肠道刺激性很大，当时人们只有疼痛很剧烈不得已时才服用。1853 年法国的弗雷德里克 ·热拉尔通过水杨酸与醋酸反应合成了乙酰水杨酸，但当时其作用没有引起人们的重视。1898 年德国化学家费利克斯 · 霍夫曼再次进行了乙酰水杨酸的合成，并用此药为他父亲治疗风湿关节炎，其疗效很好。1899 年经德国拜耳公司的德莱赛将其介绍用于临床，并将其命名为阿司匹林（Aspirin）。后来又陆续创制成了多种以乙酰水杨酸为主的复方制剂，如复方阿司匹林、复方扑尔敏、扑尔感冒片、小儿退热片等。

二、实训设计

【实训目的】

（1）掌握利用酸酐为酰化试剂和醇反应来制备酯的技术与方法；

（2）巩固普通蒸馏、抽滤、重结晶等基本操作。

【实训内容】

阿司匹林，即乙酰水杨酸，通常通过以下反应合成，再用乙醇和水做混合溶剂进行析晶，并采用重结晶的方法进行纯化。其反应式如下：

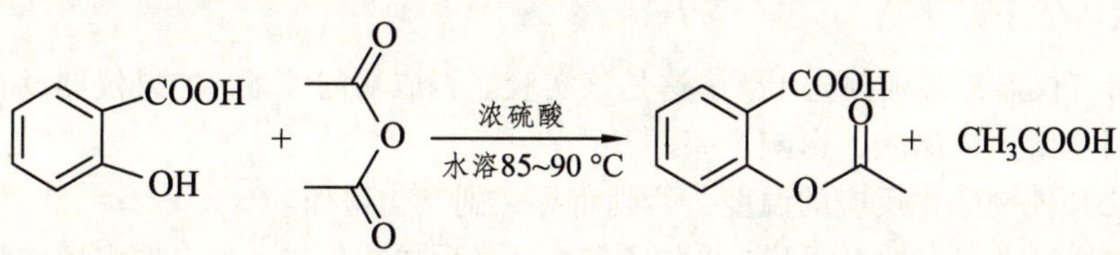

阿司匹林结构中有羧基，因此阿司匹林有酸的通性；因其又有一个酯基，因而其又可以在无机酸或碱的催化下水浴加热，水解生成水杨酸与乙酸；水杨酸中由于有游离的酚羟基，因而可以和氯化铁溶液发生显色反应。有的阿司匹林片有醋酸的臭味，这是由于阿司匹林在贮存过程中，保管不当与空气中的水分接触发生水解而生成醋酸的缘故。

副反应：该反应温度应控制在 75 ~ 80℃，温度过高则容易发生副反应，生成水杨酸、乙酸酐、乙酰水杨酰水杨酸酯、水杨酰水杨酸酯。

水杨酸分子内存在氢键，阻碍了酚羟基的酰化，导致反应必须加热至 150 ~ 160℃才能发生，如果加入少许浓硫酸，可以破坏水杨酸分子内氢键，而使反应温度降到 80℃左右，并能减少副产物生成。

【实训材料】

pH 试纸、沸石、磨口圆底瓶、水浴锅、玻璃棒、烧杯、抽滤装置、回流装置、表面皿。

水杨酸、乙酸酐、浓硫酸、碳酸氢钠、盐酸、35%乙醇、1%氯化铁溶液、冰。

【实训步骤】

（1）酰化：称取 2.67 g 水杨酸加入 50 mL 干燥的磨口圆底烧瓶中，并加入 5 ~ 10 mL 乙酸酐，再加入 5 ~ 7 滴浓 H_2SO_4，小心振摇混匀，加入 1 ~ 2 粒沸石，在 80℃左右的水浴中加热并保温 15 min。取出圆底烧瓶边摇边滴加 1 mL 冰箱冷却的蒸馏水，继续再加 20 mL 冷的蒸馏水，并立即放于冰浴进行冷却。若没有晶体出现或有油状物出现，可在冰水浴中用玻璃棒缓慢摩擦圆底烧瓶内壁，等晶体完全析出再抽滤，再用少许冰蒸馏水冲洗涤圆底烧瓶后，再洗涤晶体，并抽干。

（2）晶体移至 250 mL 烧杯中，加入约 100 mL 饱和的 $NaHCO_3$ 溶液，缓慢搅拌到再无气体产生，最后抽滤，保留滤液。

（3）将滤液缓缓倒入烧杯，用 4 mol/L 的盐酸调 pH 值至 2.0，用冰水冷却 5 min，阿司匹林析出，抽滤。加盐酸时须滴加，如加入过快可能导致析出的晶粒过大，从而影响干燥。

（4）重结晶：在装有粗产品的烧杯中加 25 mL 35%的乙醇，放于 45 ~ 50℃水浴中加热，粗产品迅速溶解，若产品不能完全溶解，可适当加 35%的乙醇，然后静置冷却至室温，最后用冰水冷却，等结晶完全析出后，再抽滤，压紧并抽干。将结晶转移到下面垫有滤纸的表面皿上，通过水蒸气加热干燥。

（5）$FeCl_3$ 法进行产品纯度鉴定：取 2 ~ 3 粒晶体加入盛有约 5 mL 水的试管中，加入 1 ~ 2 滴 1%的 $FeCl_3$ 溶液，注意溶液颜色有无变化，如果溶液变紫，表明产品中有未反应完全的水杨酸（水杨酸属酚类物质，其可与 $FeCl_3$ 发生反应，生成物呈紫蓝色）。

（6）将干燥后的晶体称量，计算产率。

【注意事项】

（1）所有仪器都必须预先干燥，这是该实验能否成功的关键。如果仪器没有干燥好，将导致醋酐水解生成醋酸，影响产率。

（2）必须控制酰化反应的温度，否则将导致副产物增加。

（3）加样时必须先加水杨酸，再加乙酸酐，最后加浓硫酸，若先加水杨酸和浓硫酸，将导致水杨酸被氧化，水杨酸和乙酸酐加样合适的比例为 1∶2 或 1∶3。

（4）用盐酸酸化滤液时，若没有固体析出，则应检测滤液的 pH 值，其最佳 pH 值为 2 ~ 2. 4。

（5）若产物质量少，可能是冰水浴冷却的时间不够，如果没有等完全析出就抽滤，将导致产品流失，也可能是由于 80℃水浴的时间不够，反应不完全。

（6）抽滤产品放于滤纸上，滤纸放于蒸发皿上进行干燥。

（7）由于乙酸酐容易分解成乙酸，乙酸不易与水杨酸反应，将导致产量下降，且产生大量副产物，因此，乙酸酐必须用最近进行蒸馏的。

思考与探索

（1）反应中加浓 H_2SO_4 的作用是什么？反应中主要副产物有哪些？副产物如何除去？

（2）通常采用什么方法鉴别阿司匹林是否变质？

（3）本实验能否用乙酸代替乙酸酐来进行反应？请说明理由。

实训三　解热镇痛药的定性鉴别

一、基本知识

解热镇痛药是一类有解热、镇痛、抗炎与抗风湿作用的药物，主要在发生急性高热而急需退热时使用，也可以用于头部疼痛、偏头痛、肌肉疼痛、关节疼痛、痛经、牙痛等。此类药物在化学上大部分是有机酸类化合物，具有相似的药理作用、作用机制和不良反应。鉴于其抗炎作用与糖皮质激素不同，自 1974 年始国际上将这类药物归入非甾体类抗炎药。尽管本类药物的化学结构有很大的差别，但其作用机理基本相同即抑制前列腺素（PG）合成酶活性，减少 PG 的合成。因此，本类药物可解热、镇痛，且大多数具有抗炎作用。本类药物常被称为阿司匹林类药物。

解热镇痛抗炎药的分类：①水杨酸类，包括水杨酸钠、乙酰水杨酸等；②苯胺类，包括对乙酰氨基酚、非那西丁等；③吡唑酮类，包括保泰松、羟基保泰松等；④其他类，如消炎痛等。

这类药物对正常的体温无影响，可降低发热的体温。这类药物的镇痛作用不如吗啡类药物强，仅对头痛、牙痛、肌肉痛、关节痛、神经痛、月经痛等慢性钝痛有效，对创伤性剧痛、平滑肌痉挛性绞痛基本无效，可能因为这些疼痛为直接刺激神经末梢所致，而与前列腺素 PG 无关。这些药物虽然可以用于抗炎与抗风湿等，但也只能缓解相关症状，不能达到根治的效果。而且，大多数的解热镇痛药都会对胃肠有比较强的刺激性作用。当这类药物被滥用或超剂量使用时，可产生明显的副作用，可有多种不良反应发生，特别是老年人更容易发生不良反应，因此应遵医嘱使用。

二、实训设计

【实训目的】

（1）了解酚类药物与三氯化铁指示剂的特殊颜色反应。

（2）掌握芳香族伯胺类药物的重氮化偶合反应的鉴别方法。

（3）掌握解热镇痛药安乃近和吲哚美辛的鉴别方法。

【实训内容】

鉴别对乙酰氨基酚、乙酰水杨酸、安乃近与吲哚美辛。

1. 三氯化铁反应

乙酰水杨酸在加热后水解，生成含有酚羟基的水杨酸，与三氯化铁生成紫堇色的配位化合物，而对乙酰氨基酚因本身带有酚羟基结构，其不需经过水解就可以与三氯化铁反应生成蓝紫色的配位化合物。其反应式如下：

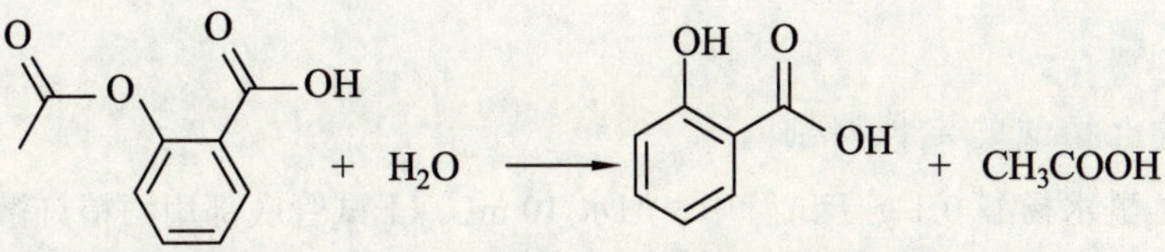

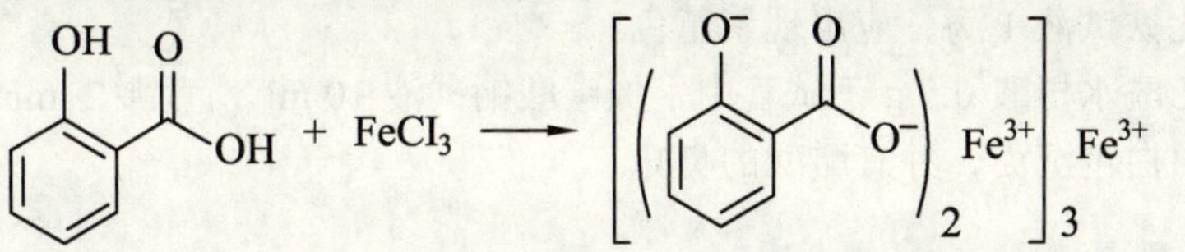

紫堇色配合物

2. 重氮化偶合反应

对乙酰氨基酚在酸性介质中，酰胺键水解，生成对氨基苯酚，为芳香族伯胺，与亚硝酸生成重氮盐，继之与β-萘酚生成红色的偶氮化合物。其反应式如下：

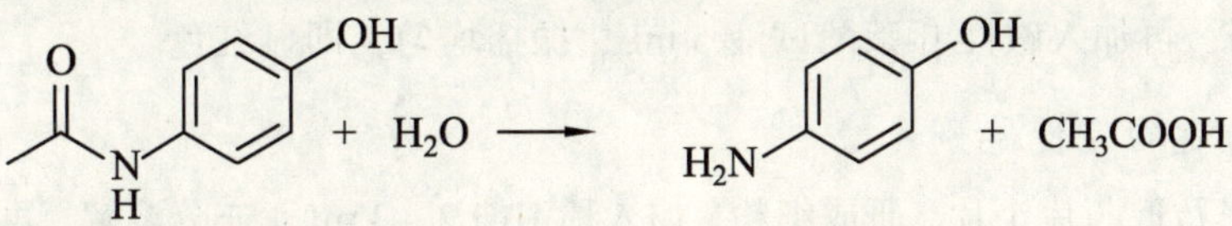

对乙酰氨基酚　　　　　　　　　　对氨基苯酚

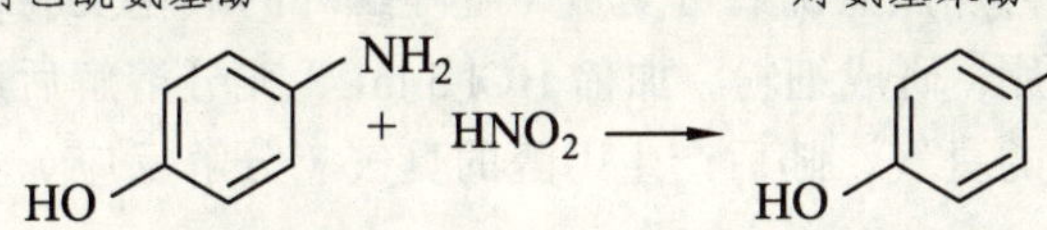

对氨基苯酚　　　　　　　　　重氮盐

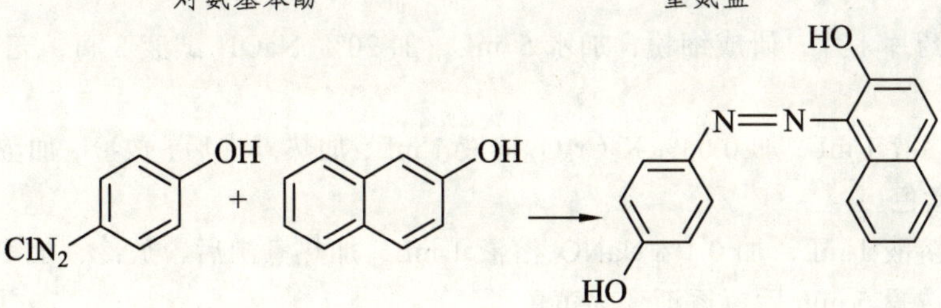

重氮盐　　　　　β-萘酚　　　　　　红色偶氮化合物

3. 水解反应

乙酰水杨酸与碳酸钠加热水解，生成水杨酸钠和醋酸钠，酸化后析出水杨酸白色沉淀，并有醋酸味。

【实训材料】

乙酰水杨酸、对乙酰氨基酚、安乃近、吲哚美辛、三氯化铁试液、碳酸钠试液、稀盐酸、稀硫酸、亚硝酸钠试液、碱性β-萘酚、氢氧化钠溶液、氯化亚砜试液、乙醇、盐酸羟胺试液、次氯酸钠试液、20%氢氧化钠溶液、0.03%重铬酸钾溶液、0.1%亚硝酸钠溶液。

【实训步骤】

1. 乙酰水杨酸的定性鉴别

（1）取乙酰水杨酸 0.1 g 于试管中，加水 10 mL，于试管底部用酒精灯微火煮沸，放冷，加三氯化铁试液 1 滴，应出现紫堇色。

（2）取乙酰水杨酸 0.5 g 于试管中，加碳酸钠试液 10 mL，煮沸 2 min，放冷，滴加稀硫酸至析出白色沉淀，并有醋酸的臭味。

2. 对乙酰氨基酚的定性鉴别

（1）取对乙酰氨基酚粉末 0.5 g 置于试管中，逐滴加入蒸馏水，振摇试管，让粉末溶解，然后滴加 $FeCl_3$ 试液，即显蓝紫色。

（2）取对乙酰氨基酚粉末 0.5 g 置于试管中，加入稀 HCl 5 mL，放于水浴锅中，60℃加热 30 min，冷却；从中分取液体 0.5 mL，滴加 $NaNO_2$ 试液 5 滴，振摇均匀，加蒸馏水 3 mL 稀释，再加入碱性 β-萘酚试液 5 mL，振摇均匀，即显红色。

3. 安乃近的定性鉴别

（1）取安乃近药片 1 片，研成细粉，加入稀 HCl 2 ~ 3 mL，充分溶解，再加入 NaClO 试液 2 滴，应出现蓝色，再加热煮沸后可变黄（吡唑酮环的氧化反应）。

（2）取安乃近药片 1 片，研成细粉，加稀 HCl 5 mL，充分溶解后过滤，滤液置蒸发皿中，加热后可产生 SO_2 的臭气，随后产生甲醛的臭气（分解反应）。

4. 吲哚美辛的定性鉴别

（1）取药片 1 片，研成细粉，加水 5 mL，加 20% NaOH 试液 5 滴，充分溶解后备用。

（2）取溶液 1 mL，加 0.03% $K_2Cr_2O_7$ 溶液 1 mL，加热煮沸后，放冷，加浓 H_2SO_4 3 ~ 5 滴后呈现紫色。

（3）取溶液 1 mL，加 0.1% $NaNO_3$ 溶液 1 mL，加热煮沸后，放冷，加 HCl 1 mL 后呈现绿色，放置 5 min 后，逐渐变为黄色。

【注意事项】

（1）大多数酚类药物以及含烯醇结构的药物，都能与 $FeCl_3$ 反应生成电离度较大的络合物，但酚类结构不同，产生的颜色则不同。该反应的最适宜 pH 值是 4 ~ 6，如在强酸性条件下络合物会发生分解。

（2）发生重氮化反应时，亚硝酸与重氮盐都易发生分解，该反应要在低温下进行。当亚硝酸钠加入到含药物的盐酸溶液中时，生成亚硝酸，其遇药品会立即发生反应。该反应中，盐酸的用量应多于药物的三倍，一份用于保持溶液的酸性，一份用于与亚硝酸钠反应生成亚硝酸，另一份用于产生重氮盐。

（3）乙酰水杨酸的结构属于低级脂肪酸的酚酯，因此在潮湿的空气中能缓慢发生水解，生成水杨酸与醋酸，因此该药物应防潮保存。

（4）如供试药品是片剂，不需提取乙酰水杨酸，则可以直接进行鉴定，但在发生水解反应时，在加入稀硫酸之前应过滤，以除去片剂当中的赋形剂，有利于观察生成的水杨酸白色沉淀。

（5）乙酰氨基酚片剂，应先将其研细，再取细粉约 0.5 g，加入乙醇约 20 mL，再在乳钵中分多次研磨，以提取对乙酰氨基酚，再过滤取滤液，最后将液体蒸干，对残渣进行鉴定。

思考与探索

（1）乙酰水杨酸能不能与三氯化铁试液直接反应？原因是什么？

（2）重氮化反应适用于哪类结构药品的定性鉴别？操作中应注意什么问题？

实训四　心血管系统药物的定性鉴别

一、基本知识

心血管药物是指作用于人体心、脑血管系统的药物。当前，人类心、脑血管类疾病是国内外最常见的两类严重疾病，并且这两类疾病有紧密的关系，互有因果作用，且有时相互掩盖和依赖，很难分辨。已有大量的流行病学研究表明，心脏病是导致人类脑血管类疾病的最主要的危险因素，有心脏病的患者发生某些脑血管疾病的概率为正常人的9.75倍左右。心脏病患者容易在心脏内形成一些血栓因子，这些血栓因子随着血液流动，有一部分会进入脑血管造成脑血管的堵塞，导致相应的脑组织不能得到血液的供应，脑组织得不到能量和营养，因此造成相关脑组织的坏死或伤害。同时，脑血管类疾病也可以诱发心脏疾病。因为人类控制心脑血管的神经中枢都是在大脑内，如果脑血管类疾病导致这些中枢的破坏，轻者则表现为心电图的异常，重者则可能引发心肌的缺血、心力衰竭和心肌梗死。

心血管类疾病是危害人类健康的较为严重的疾病，也是造成人类死亡的主要原因之一，这类病的种类较多，产生疾病的原因也较为复杂。因此，心血管类药物的研发近些年来受到广泛的重视，发展也很快，临床应用的药物越来越多。心血管系统类药物主要作用于心脏或血管系统，用于改善心脏的功能，调节心脏血液的输出量，改变血液循环系统中各部分的血液贮藏与分配。这类药物大致可以分为五大类：抗心绞痛药、抗心律失常药、抗高血压药、抗心功能不全药和周围血管扩张药等，临床上应用较多的代表性药物主要有卡托普利、硝苯地平、硝酸异山梨酯、盐酸普鲁卡因胺和盐酸胺碘酮等。

二、实训设计

【实训目的】

（1）熟悉几种代表性心血管系统类药物的化学结构和理化性质。

（2）掌握几种代表性心血管系统类药物的定性方法。

【实训内容】

鉴别卡托普利、硝苯地平、硝酸异山梨酯、盐酸胺碘酮与盐酸普鲁卡因胺。

借助药物中各种不同官能团的特性，让其与某些特定的试剂相互作用，生成特定的颜色，或生成沉淀，或有特殊的气味产生，用以来区别和鉴定药物，这种方法称为化学鉴别方法。

1. 硝酸异山梨酯的鉴别

硝酸异山梨酯的结构如下：

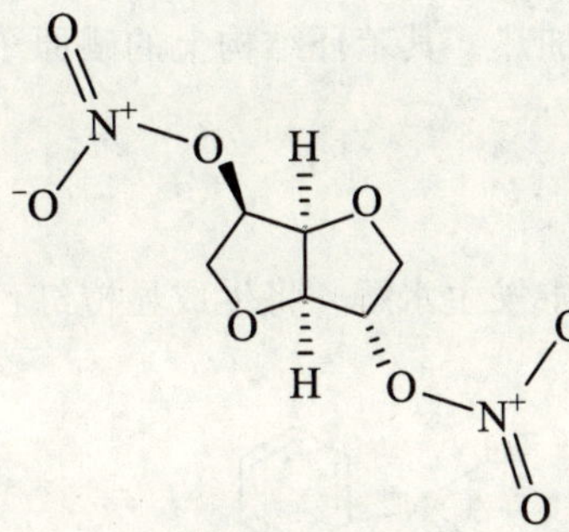

硝酸异山梨酯

①硝酸异山梨酯被硫酸破坏后，可以生成硝酸，在加入 $FeSO_4$ 后，可以生成硫酸氧氮合亚铁，在两种液层界面交界处呈显一个明显的棕色环。其反应式如下：

$$2HNO_3+6FeSO_4+3H_2SO_4 \rightarrow 3Fe_2(SO_4)_3+4H_2O+2NO$$

$$FeSO_4+NO \rightarrow Fe(NO)SO_4$$（棕色）

②硝酸异山梨酯在硫酸的作用下被破坏生成硝酸，硝酸可以使儿茶酚生成对-亚硝基儿茶酚，在硫酸溶液中变成醌肟，其又可与过量的儿茶酚缩合而生成暗绿色的酚类化合物。

2. 卡托普利的鉴别

卡托普利的结构式如下：

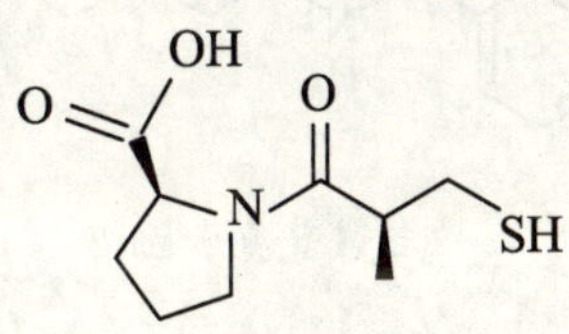

卡托普利

卡托普利结构中有特征性的巯基（-SH），巯基能够与亚硝酸作用，生成红色的亚硝酰硫醇酯。其反应式如下：

$$R\text{-}SH+HNO_2 \rightarrow O{=}N\text{-}S\text{-}R$$（红色）

3. 盐酸胺碘酮的鉴别

① 盐酸胺碘酮结构中的羰基能够与 2，4-二硝基苯肼进行反应，生成黄颜色的胺碘酮 2，4-二硝基苯肼而沉淀下来，该化学反应式如下图。实验中的高氯酸（能与醇和水互溶）是 2，4-二硝基苯肼的溶剂，它不参与反应。

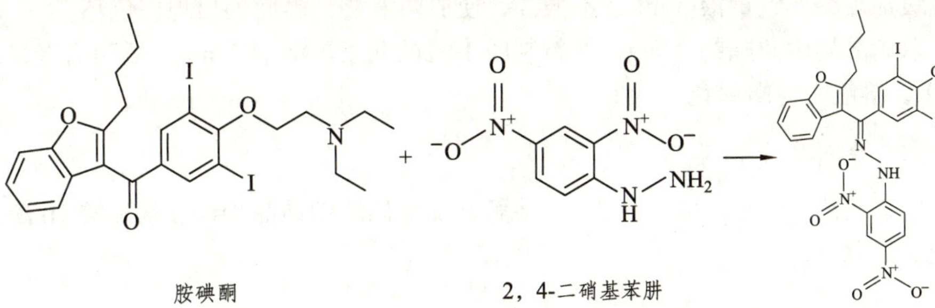

胺碘酮　　　　2，4-二硝基苯肼

②盐酸胺碘酮与硫酸一起加热，其苯环结构上的碘原子可分解从而释放出紫色的碘蒸气。

4. 硝苯地平的鉴别

硝苯地平能在 NaOH 溶液中发生水解，将生成显橙红色的物质。硝苯地平的结构式如下：

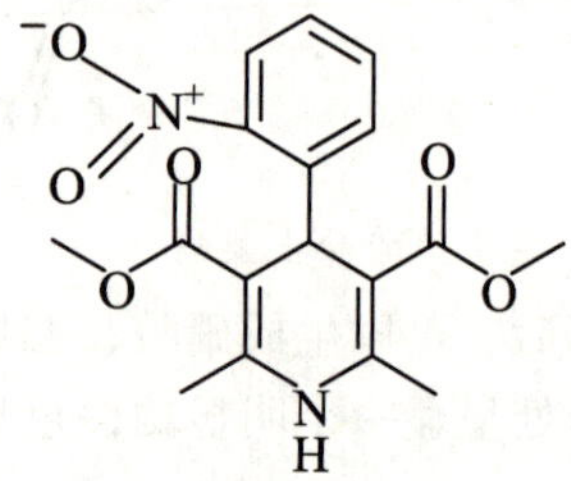

硝苯地平

5. 盐酸普鲁卡因胺的鉴别

盐酸普鲁卡因分子中含芳伯氨基,这可与碱性β-萘酚反应生成红颜色的偶氮化合物,又因其分子中有氯离子能够与硝酸银溶液反应生成白色凝乳状沉淀。盐酸普鲁卡因胺的结构式如下：

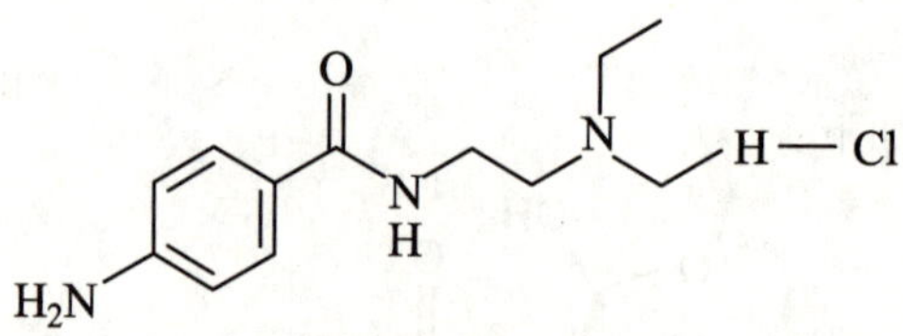

盐酸普鲁卡因胺

【实训材料】

硝酸异山梨酯、硝苯地平、盐酸普鲁卡因胺、卡托普利、盐酸胺碘酮。硫酸、硫酸亚铁试液、10%的儿茶酚溶液（新制）、氢氧化钠试液、三硝基苯酚试液、碱性β-萘酚试液、2，3-丁二酮溶液、乙醇、亚硝酸钠、稀硫酸、2，4-二硝基苯肼的高氯酸溶液、95%的乙醇。

【实训步骤】

1. 硝酸异山梨酯的定性鉴别

（1）取硝酸异山梨酯约 10 mg，加水 1 mL，加硫酸 2 mL，摇匀使药品溶解，放冷，沿管壁缓缓加硫酸亚铁试液 3 mL，不振摇，使成两液层，界面处出现棕色环。

（2）取硝酸异山梨酯约 2 mg，加新制的 10%的儿茶酚溶液 3 mL，摇匀后慢慢滴加硫酸 3 mL，溶液变为暗绿色。

2. 卡托普利的定性鉴别

取卡托普利约 25 mg，加乙醇 2 mL 溶解，加亚硝酸钠结晶少许和稀硫酸 10 滴，振摇，溶液显红色。

3. 盐酸胺碘酮的定性鉴别

（1）取盐酸胺碘酮约 20 mg，加乙醇 2 mL 溶解，加 2，4-二硝基苯肼的高氯酸溶液 2 mL，加水 5 mL。静置，有黄色沉淀析出。

（2）取盐酸胺碘酮约 20 mg．加硫酸 1 mL，加热，即有碘的紫色蒸气产生。

4. 硝苯地平的定性鉴别

取本品约 25 mg，加丙酮 1 mL 溶解，加 20%氢氧化钠溶液 4 ~ 6 滴，振摇，溶液显橙红色。

5. 盐酸普鲁卡因胺的定性鉴定

（1）取本品约 50 mg，置试管中，加稀盐酸 1 mL，必要时缓缓煮沸使溶解，放冷，滴加亚硝酸钠溶液 5 滴，摇匀后，加水 3 mL 稀释，加碱性 β-萘酚试液 2 mL，振摇，生成由橙黄色到猩红色沉淀。

（2）取本品约 50 mg，置试管中，加水完全溶解后，先加氨试液使成碱性，将析出的沉淀过滤除去。取滤液加硝酸使成酸性，加硝酸银试液，即生成白色凝乳状沉淀；分离，沉淀加氨试液即溶解，再加硝酸，沉淀复生成。

（3）取本品约 50 mg，加等量的二氧化锰，混合均匀，加硫酸润湿，缓缓加热，即产生氯气，能使润湿的碘化钾淀粉试纸显蓝色。

【注意事项】

（1）硝酸异山梨酯在室温下比较稳定，但在强热的情况下可发生爆炸，实验过程中一定要小心。卡托普利中因有巯基（-SH）结构，所以有类似于蒜的特臭气味。

（2）β-萘酚碱性溶液配制方法：取 β-萘酚 0.5 g、氢氧化钠 3 g、碳酸钠 8 g、加适量水使溶解成 50 mL，摇匀即得。

（3）2，4-二硝基苯肼高氯酸溶液的配制方法：称取 2，4-二硝基苯肼 1.2 g，加入 30%的高氯酸溶液 50 mL 使其溶解，摇匀可得。

（4）如果供试药品为片剂，应将片剂充分研细，分别取片粉适量，约相当于硝酸异山梨酯 20 mg、卡托普利 50 mg、盐酸胺碘酮 25 mg，加入溶剂充分振摇提取，硝酸异山梨醇用氯仿 10 mL 作为溶剂、卡托普利用乙醇 4 mL 作为溶剂、盐酸胺碘酮用氯仿 10 mL 作为溶剂，最后将提取液过滤；卡托普利是用滤液进行相关鉴别反应，而其他几种药品则应将滤液蒸干，得到残渣，再用残渣进行鉴别。

思考与探索

（1）心血管系统药物主要分为哪几类？每类药物各有哪些代表性药物？

（2）对硝酸异山梨酯进行鉴别的反应原理是怎样的？

实训五　抗生素的定性鉴别

一、基本知识

抗生素是指在较低的浓度下可以对多种微生物的生命活动有特定的抑制作用的一类化学物质的统称。大多数的抗生素是由微生物发酵，再经过化学纯化，而后精制和进行化学修饰而制得，这些抗生素与合成的药物相比，结构与组成较复杂，化学纯度相对较低。

1. 化学纯度低

抗生素的化学纯度低主要表现在如下三个方面：①同系物多，例如庆大霉素含有四个主要组分。②异构体多，半合成 β-内酰胺类抗生素都有光学异构体。③降解物多，四环素类抗生素存在有差向异构体。

2. 活性成分易发生变异

抗生素的活性组分容易发生变异，如微生物菌株的变化、发酵条件的改变均可以导致产品质量的变化，主要是组分的组成与含量的变化。

3. 稳定性差

抗生素通常含有活泼基团，而这些基团又往往是活性中心，如青霉素结构中的 β-内酰胺环就是活性中心。对抗生素类药物进行质量分析进行质量控制的方法包括成分鉴别、含量检测和效价测定等。根据抗生素类药物的特点不同，其分析方法分为生物学法和理化方法两大类。

在成分鉴别试验中，理化鉴别为主要方法：一是官能团的显色反应，β-内酰胺环的鉴别用羟肟酸铁反应，链霉素的鉴别用麦芽酚反应。抗生素盐类的鉴别通常根据结构中的酸根、金属离子或者有机碱来进行。二是光谱法，主要有红外吸收光谱法（IR 法）和紫外吸收法（UV 法）。三是色谱法，主要采用薄层色谱法（TLC 法）和高效液相色谱法（HPLC 法）。四是生物学法，以已知含量的标准品对照，即根据灭菌前后的抑菌能力进行比较。

抗生素按化学结构可分为以下几类：β-内酰胺类，主要是青霉素类和头孢菌素类；氨基糖苷类，主要包括链霉素、庆大霉素和卡那霉素；四环素类，主要包括四环素、金霉素和土霉素；大环内酯类，主要包括红霉素、乙酰螺旋霉素和氯霉素类。

抗生素的鉴别试验中，呈色反应通常有以下几类：（1）羟肟酸铁反应。其在碱性中与羟胺作用，β-内酰胺环破裂而生成羟肟酸；然后，在稀酸中与高铁离子呈色。（2）类似肽键的反应，如茚三酮的反应。具有-CONH-结构，即取代基有 α-氨基酸的药物，可显双缩脲反应或茚三酮反应，代表性抗生素有头孢羟氨苄、头孢氨苄、头孢拉定、头孢克洛，它们的侧链都有氨苄基，对这些药物，《中华人民共和国药典》（以下简称《中国药典》）在采用 TLC 鉴别与检测时，通常以茚三酮作显色剂。（3）其他的显色反应还有：侧链含有酚羟基（C_6H_5-OH），酚羟基可以与重氮苯磺酸试液发生偶合反应；抗生素还可与变色酸，如硫酸、硫酸-硝酸、铜盐等试剂反应。

此外，各种含有钾盐或钠盐的药物，可利用钾或钠离子的焰色反应进行鉴别。

二、实训设计

【实训目的】

（1）掌握临床上常用的几种抗生素的化学性质、鉴定方法和鉴定原理。

（2）了解酸和碱对四个抗生素稳定性的影响及在鉴别上的应用。

【实训内容】

鉴别青霉素钠（钾）、红霉素、氯霉素和硫酸链霉素

1. 青霉素钠（钾）的酸分解反应

青霉素钠的结构式如下：

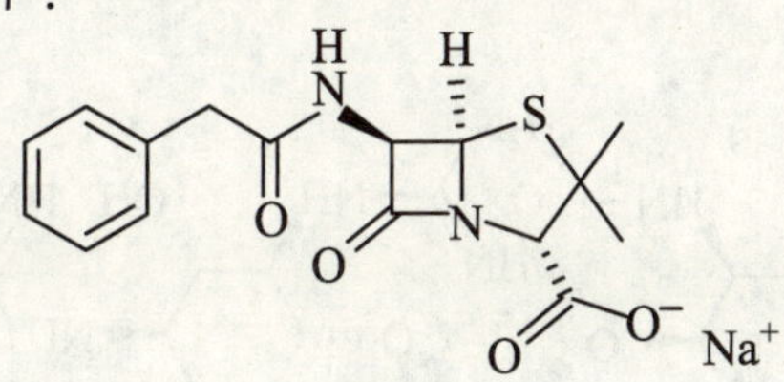

青霉素钠

青霉素钠（钾）的结构中因含有 β-内酰胺环而表现不稳定，其在酸性条件下容易水解，或是发生分子重排而生成青霉二酸。青霉二酸是一种白色沉淀，该沉淀能在乙醇、醋酸乙酯、氯仿、乙醚中溶解，青霉二酸也能溶解于过量的盐酸中。《中国药典》采用青霉素酶灭活的方法进行鉴别。

2. 红霉素的呈色鉴别反应

红霉素的结构式如下：

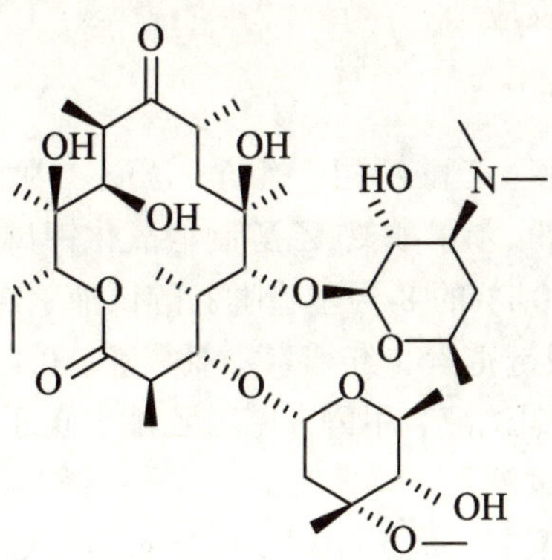

红霉素

红霉素是属于大环内酯类的抗生素，其能与硫酸或盐酸发生呈不同颜色的反应，红霉素结构中的内酯键和苷键能发生水解而断裂，可以得到有色物。红霉素与硫酸作用显红棕色；红霉素在丙酮溶液中与盐酸作用，溶液将由橙黄色慢慢变为紫红色，如再转溶到氯仿中将显紫蓝色。

3. 氯霉素的鉴别

氯霉素的结构式如下：

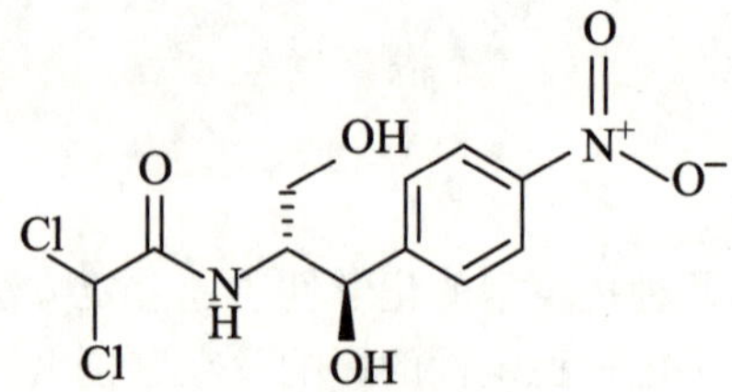

氯霉素

氯霉素的还原产物经酰化以后，可发生异羟肟酸铁反应，氯霉素的水解产物呈现氯化物的典型反应。

4. 硫酸链霉素的鉴别

链霉素的结构式如下：

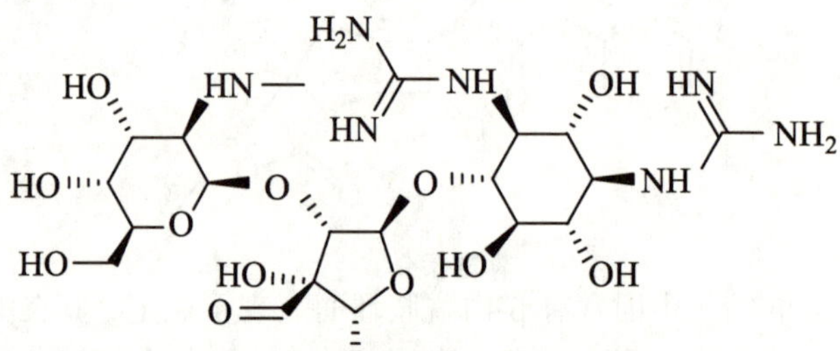

链霉素

因为硫酸链霉素的结构中具有苷键和胍基，可在碱性下条件下水解生成链霉糖，链霉糖可以发生部分分子重排生成麦芽酚，麦芽酚酸化后能与三价铁离子反应显紫红色（麦芽酚反应）；在碱性条件下胍基能够被次溴酸钠氧化，氧化产物再与 8-羟基喹啉反应将生成橙红色的化合物（坂口反应）。

【实训材料】

药物、试液和试剂：乙醇、乙酸乙酯、氯仿、乙醚、丙酮、吡啶、硫酸、盐酸、50%的乙醇、1%的 $CaCl_2$ 溶液、锌粉、苯甲酰氯、乙醇制氢氧化钾试液、$AgNO_3$ 试液（0.1 mol/L）、$KMnO_4$、淀粉-碘化钾试纸、0.1%的 8-羟基喹啉乙醇试液、次溴酸钠试液、40%硫酸铁铵溶液、青霉素钠（钾）、硫酸链霉素、红霉素、氯霉素、0.1 mol/L $NaNO_2$ 溶液、碱性 β-萘酚、1%NaOH 溶液、硫酸铜试液、甲醇、醋酸乙酯、正丁醇、三氯化铁试液、碱性酒石酸硫酸铜试液、铁氰化钾试液。

乙醇制氢氧化钾试液的配制：取 KOH 固体 35 g，放入锥形瓶中，加无醛乙醇少许，使其溶解，然后稀释为 1 000 mL，再用橡皮塞塞好，静放 24 h 后，快速倒取上清液，放于带橡皮塞的棕色试剂瓶中备用。

次溴酸钠试液的配制：取 NaOH 固体 20 g，加水 75 mL，待溶解后，再加溴 5 mL，再加水稀释至 100 mL。应现用现配。

40%硫酸铁铵溶液的配置：称取 72.73 g 硫酸铁铵置于 100 mL 烧杯中，加少量水溶解，再加入 10 mL 浓 H_2SO_4，加水稀释至 100 mL，混合均匀。

碱性 β-萘酚的配制：取 β-萘酚 0.25 g，加 10%的 NaOH 溶液 10 mL 让其溶解即可。该溶液须现用现配。

硫酸铜试液的配制：取 $CuSO_4$ 12.5 g，加水使溶解，定容成 100mL。

氨试液的配置：量取浓氨水溶液 40 mL，加水使终体积为 100mL。

仪器：10 mL 试管、100 mL 烧杯、250 mL 烧杯、酒精灯。

【实训步骤】

1. 青霉素钠（钾）的定性鉴别

（1）称取青霉素钠（钾）约 0.1 g，加入水 5 mL 使其溶解，加入稀盐酸 2~3 滴，马上生成白色的沉淀，该沉淀能够溶解于乙醇、醋酸乙酯、氯仿、乙醚或过量的盐酸中。

（2）青霉素钠（钾）盐的焰色反应：用金属铂丝蘸取少许药品，在火焰上灼烧，钠盐的焰色反应显黄色，钾盐的焰色反应显紫色。

2. 红霉素的定性鉴别

（1）称取红霉素约 5 mg，加 40%的硫酸 2 mL，缓缓摇匀，随后显红棕色。

（2）称取红霉素约 3 mg，加入丙酮 2 mL 充分振摇溶解，然后加 20%的盐酸 2 mL，随后显橙黄色。再加入氯仿 2 mL 充分振摇，氯仿层将会显现紫色。

3. 氯霉素的鉴别

（1）称取氯霉素 50 mg 置试管中，加入吡啶 1 mL，再加 1%的 NaOH 试液 1 mL，充分混合均匀，放于沸水浴中加热 3 ~ 5 min，吡啶层显深红色。

（2）称取氯霉素 10 mg 置试管中，加入 95%的乙醇 1 mL，充分溶解，加 1% $CaCl_2$ 溶液 3 mL，并加入锌粉 50 mg，放于沸水浴上加热 8 min，在冰水中冷却，倒出上清液，再加入苯甲酰氯 2~3 滴，振摇 1 min，加 $FeCl_3$ 试液 0.5 mL，加入三氯甲烷 2 mL，这时水层将显现紫红色。如果不加锌粉，其他操作步骤相同，将不能显现紫红色。

（3）称取氯霉素 50 mg 置试管中，加入乙醇制氢氧化钾试液 2 mL 充分溶解，也可以在试管上口装上空气冷凝器装置，以防止乙醇逸出，然后在水浴上加热 10 min，在冰水浴中冷却。加稀 HNO_3（10%）中和至溶液显强酸性，然后过滤，向滤液中滴加 1 ~ 2 滴稀 HNO_3（10%），此时应无沉淀产生，滤液作为供试溶液继续进行以下试验。

（4）量取按上面的方法得到的供试液 1 mL，加入 $AgNO_3$ 试液，马上有凝乳状沉淀生成，该沉淀能够溶解于氨试液，但不能溶于硝酸。

（5）量取按上面的方法得到的供试液 1 mL，加入稀硝酸使成酸性，加 $KMnO_4$ 结晶 8 ~ 10 粒，加热后应马上有浅黄色的带刺激性气味的氯气放出，该气体能使碘化钾-淀粉试纸显现蓝色。

4. 硫酸链霉素的定性鉴别

（1）称取硫酸链霉素粉末约 0.5 mg 置试管中，加水 4 mL，充分振荡溶解，随后加 1%的 NaOH 试液 2.5 mL，并加入 0.1%的 8-羟基喹啉的乙醇溶液 1 mL，在冰浴中冷却至 15℃左右，然后加入次溴酸钠试液 2~3 滴，溶液随即显橙红色。

（2）称取硫酸链霉素粉末约 0.5 mg 置试管中，加水 5 mL 充分溶解，然后加入 1% 的 NaOH 试液 0.3 mL，于 60℃水浴中加热 3 ~ 5 min，再加硫酸铁铵溶液 0.5 mL，溶液随即显紫红色。

（3）硫酸链霉素的水溶液因有硫酸根，可进行硫酸根的相关鉴别反应实验。

【注意事项】

（1）青霉素钠（钾）具有引湿性，即在湿度较高的环境中，其能吸收空气中的水分，导致药品受潮或发霉等。青霉素钠（钾）遇酸、碱、氧化剂等分解变质很快，必须在实验前才能开封使用。另外，有青霉素过敏史的学生，可以不做该实验。

（2）在酸性下进行青霉素钠（钾）的水解实验时，稀盐酸的量不能加入过多，否则产生的青霉二酸沉淀可能会进一步分解为青霉醛与青霉胺，这两种产物能溶解于过量的盐酸中。

（3）抗生素类药物大多数都不太稳定，酸和碱都能使其快速地分解，这些分解产物颜色各异，可以用于进行定性鉴别。

（4）如果实验中所用试液为注射剂（液）时可以直接使用，如果是片剂，则要先进行处理，用研钵充分研细，然后称取细粉进行实验。

思考与探索

（1）临床上常用的抗生素有哪些类型？

（2）酸或碱对抗生素类药物的稳定性主要有哪些方面的影响？

扫码观看项目一的操作视频

2

项目二
药物制剂实验实训

任务一

药物制剂的基本知识

所谓药物制剂，从广义上来讲是指药物制剂学，是一门学科；从狭义上来讲，就是将药物制成一定剂型，如针剂、片剂、膏剂、汤剂等。

一、基本概念

1. 药物制剂

药物制剂是指根据药典、药品标准等所收载的应用比较普遍并较稳定的处方，将原料药物按某种剂型制成的一定规格并具有一定质量标准的具体品种，如阿司匹林片、双黄连注射剂、红霉素软膏等。

2. 剂 型

剂型是指药物在临床应用之前制成合适于医疗用途的，与一定给药途径相适应的给药形式，如片剂、胶囊剂、注射剂、气雾剂等。

3. 药剂学

药剂学是指研究药物制剂的处方设计、基本理论、制备工艺和合理应用等的一门综合性技术科学。

二、常用术语

1. 药物与药品

药物是用于以防治人类或动物疾病以及对机体生理机能有影响的物质。

药品是用于预防、治疗、诊断人的疾病，有目的地调节人的生理功能并规定有适应症、用法和用量的物质。

两者区别：药品是经国家药品监管部门批准的，规定了适应症、用法、用量的具体药物，而药物的范围要比药品大得多，并非所有能预防疾病的物质都是药品。

2. 新 药

新药指未曾在中国境内上市销售的药品。已经上市的药品而改变剂型、给药途径的，按新药管理。

3. 原料药

原料药是用于生产各种制剂的有效成分。

4. 辅 料

辅料通常是指生产药品和调制方剂时所用的赋形剂和附加剂。

5. 药品批准文号

药物批准文号是指经国家药品监督管理部门批准，并在批准文件上规定该药品的专有编号。药品批准文号格式：国药准字+1 位字母+8 位数字（其中化学药品使用字母 H，中药使用字母 Z，生物制品使用字母 S，进口分包装药品使用字母 J 等）。

6. 药品的命名

药物名称包括通用名、商品名和化学名等。

通用名：国家药品监督管理部门颁发药品标准中的名称，具有通用性，不可作为商标注册。

商品名：药品生产厂商自己确定的，经药品监督管理部门核准的产品名称。在一个通用名下，由于生产厂家不同，可有多个商品名称。

化学名：根据药品的化学成分确定的化学学术名称。

7. 处　方

处方是指医疗和生产中关于药剂调剂的一项重要书面文件，是医师为某一患者预防或者治疗需要而开写的有关制备和发出药剂的书面凭证。处方可分为以下三种类型。

（1）法定处方：药典、药品标准收载的处方，它具有法律的约束性。

（2）协定处方：根据某一地区或某一医院日常医疗用药需要，由医院药剂部门与医师协商共同制定的处方。它适于大量配制和储备药品，便于控制药物的品种和质量，减少病人等候取药时间。

（3）医师处方：医师对个别病人用药的书面文件。

8. 处方药与非处方药

处方药：凭执业医师和执业助理医师处方购买、调配和使用的药品。

非处方药：由国家药品监督管理部门公布的，不需要凭执业医师处方，消费者可以自行判断、购买和使用的药品。

任务二

药品储备与养护的基本知识

一、药品储存

药物储存是指药品从生产到消费领域的流通过程中经过多次停留而形成的储备，是药品流通过程中必不可少的重要环节。

二、药品养护

药品养护是指药品储存过程中，运用现代科学技术与方法，探索药品质量变化规律，防止药品变质，保证药品质量，确保用药安全、有效的一门实用性技术科学。

三、药品养护的方法

药品养护员依据储存药品的流动情况，制定养护检查计划并按计划进行循环质量检查。

质量管理员确认重点养护品种，报质量管理部审批后，由药品养护员制定重点养护药品目录。确认重点养护的药品应包括：①主营品种、首营品种、易变质的品种；②对储存条件有特殊要求的品种；③各级药检部门重点抽查的品种；④近期内发生过质量问题的品种；⑤超过生产日期两年以上的品种；⑥近效期不足 6 个月的品种。

四、养护检查的内容

（1）检查储存药品的外观质量是否发生变化或是否存在异常情况。

（2）检查药品库房温湿度，通常在每日上午 10：00～10：30、下午 15：00～15：30 定时对库房温湿度条件进行观察，并记录。

（3）检查药品库房是否满足防尘、防潮、防霉、防污染以及防虫、防鼠、防鸟等要求，并填写库房巡检记录。

（4）检查养护用设备、仪器等是否运行良好。

五、养护检查中质量异常问题的处理

（1）在库房养护检查中发现药品有质量异常时，应放置“暂停发货”的黄色标志牌于货位上，填写“药品质量复查通知单”，并报告质量管理人员复查处理。

（2）温湿度检查时如发现有高于或低于规定值趋势时，应及时采取通风、除湿、降温（或升温）等措施进行有效调控并记录。

（3）药品养护员应每月填报效期药品催售表，报质管部、采购部、销售部等相关部门。

任务三

药物制剂岗位基本任务实训

实训一　片剂的制备

一、基本知识

片剂的制备包括直接压片法和制颗粒压片法。制粒是将粉状物料加工成颗粒并加以干燥的操作，常作为压片或胶囊填充前的物料处理步骤，以改善粉末的流动性，防止物料分层和粉尘飞扬。根据制颗粒方法不同，制颗粒压片法又可分为湿法制粒压片和干法制粒压片。其中应用最广泛的是湿法制粒压片。

压片机常用种类有旋转式压片机、异形冲压片机、真空压片机和高速压片机等，这几类压片机主要特点分别如下。

1. 旋转式压片机

旋转式压片机是目前生产中应用较广泛的多冲压片机。旋转式压片机通常按转盘上的模孔数可分为 5 冲、7 冲、8 冲、19 冲、21 冲、27 冲和 33 冲等；还可按转盘旋转一周填充、压缩、出片等操作的次数分为单压、双压等。单压指转盘旋转一周只填充、压缩、出片一次；双压指转盘旋转一周时填充、压缩、出片各进行两次，所以生产效率是单压的两倍，故目前药品生产中多应用双压压片机。双压压片机有两套压轮，为使机器减少振动及噪声，两套压轮交替加压可使动力的消耗大大减少，因此压片机的冲模数皆为奇数。

2. 异形冲压片机

异形冲压片机的主要特点是采用冲床结构，冲头的上下行程大，加料、厚度、压片均可单独调节，耗电少、产量高，并且操作简单，维修方便，容易更换各种规格。

3. 真空压片机

为了克服压片过程中经常出现的顶裂、裂片等问题，20 世纪 90 年代出现小型真空压片机。其主要特点是真空操作前可排出压片前粉末中的空气，有效地防止压片时的顶裂，这时真空度为重要参数，压力必须降至 17.3 kPa 以下。真空压片可以提高片剂的硬度，因此可降低压缩压力。上冲进入冲模中进行压缩时粉尘飞扬少，可以进行长时间的安全操作；常压下压缩成形较困难的物料，在真空下结合力增加，并且在真空条件下物料的流动性增加，因此真空压片机更适合于填充性较差的物料的压片。

4. 高速压片机

高速压片机是一种先进的旋转式压片设备，通常每台压片机有两个旋转盘和两个给料器。为适应高速压片的需要，该机采用自动给料装置，而且药片重量*、压轮的压力和转盘的转速均可预先调节，压力过载时能自动卸压；该机的片重误差可控制在 2%以内，不合格药片自动剔出；生产中药片的产量由计数器显示，可以预先设定，达到预定产量即自动停机。该机采用微电脑装置检测冲头损坏的位置，还有过载报警和故障报警装置等。其突出优点是产量高、片剂的质量优。

二、实训设计

【实训目的】

（1）掌握压片岗位操作法。

（2）掌握压片生产工艺管理要点及质量控制要点。

（3）掌握旋转式压片机的标准操作规程。

（4）掌握旋转式压片机的清洁、保养、标准操作规程。

注：此处的“重量”实指质量，但为与书中表示品质的质量相区别，故仍保留“重量”一词。

【实训内容】

安装及清洁旋转式压片机，并调试和制备片剂，最后检查片剂的质量。

【实训设备与材料】

旋转压片机、消毒乙醇（75%）、原料药。

【实训步骤】

1. 开机前准备工作

（1）检查设备各部位是否正常，电是否接通，检查冲模是否有缺边、裂缝、变形及卷边情况。

（2）按设备清洁规程要求消毒。

（3）冲模安装。

①先将下压轮压力调到零。

②中模的安装：将转台上中模紧定螺钉逐个旋出转台外沿 2 mm 左右，勿使中模装入时与紧定螺丝的头部相碰为宜。中模放置时要平稳，将打棒穿入上冲孔，向下锤击中模将其轻轻打入，中模进入孔后，其平面不高出转台平面为合格，然后将紧定螺钉固紧。

③上冲的安装：首先将上冲外罩、上平行盖板和嵌轨拆下，然后将上冲杆插入模圈内，用大拇指和食指旋转冲杆，检验头部进入中模情况，上下滑动灵活，无卡阻现象为合格。再转动手轮至冲杆颈部接触平行轨，上冲杆全部装毕，将嵌轨、上冲外罩装上。

④下冲的安装：打开机器正面、侧面的不锈钢面罩，先将下冲平行轨盖板移出，小心从盖板孔下方将下冲送至下冲孔内，并摇动手轮使转盘前进方向转动，将下冲送至平行轨上，按此法依次将下冲装完，安装完最后一支下冲后，将盖板盖好并锁紧确保与平行轨相平，摇动手柄确保顺畅旋转一周，合上手柄，盖好不锈钢面罩。

安装冲头和冲模的顺序为：中模→上冲→下冲。拆除冲头和冲模的顺序为：下冲→上冲→中模，以确保上下冲头不接触。安装异形冲头和冲模时必须以上冲为基准确定中模安装位置，即安装时应将上冲套在中模孔中一起放入中模转盘再固定中模。

（4）安装加料部件。

安装加料斗和月形栅式回流加料器：先将月形栅式回流加料器置于中模转盘上，用螺钉匀称锁紧，底平面与转台间隙应为 0.03 ~ 0.1 mm，再将加料斗从机器上部放入并将螺丝钉固定，将颗粒流旋钮调至中间位置并关闭加料闸板。

2. 开机压片

（1）打开动力电源总开关，检查触摸屏显示内容（包括主压力、出片压力、出片角、转速等），先点动操作，每次旋转 90°，共旋转 2 周，再低速空转 5 min 左右，无异常现象才可进入正常运行。开机前，上下压轮、油杯要加机油，轴承补充润滑脂，机器运转时不得加油。

（2）试压前，将片厚调节至较大位置，填充量调节至较小位置，将颗粒加入料斗内，点动 2 ~ 3 周，试压时先调节填充量，调至符合工艺要求的片重，然后调节压力至产品工艺要求的硬度。

（3）压力设定到挡，预压力的设定应使预压片厚为要求片厚的 2 倍。
（4）进行正式压片，将振动除粉器连至压片机的出片口并启动，开启真空阀门。
（5）运行时，必须关闭所有玻璃窗，不得用手触摸运转件。
（6）换状态标志，挂上“正在运行”状态标志。
（7）注意机器运行是否正常，不得开机离岗。

3. 操作结束

（1）压片完毕后，关闭主电机电源、总电源、真空泵开关。
（2）清洁并保养设备。

图 2-1 为片剂制备工艺流程图。

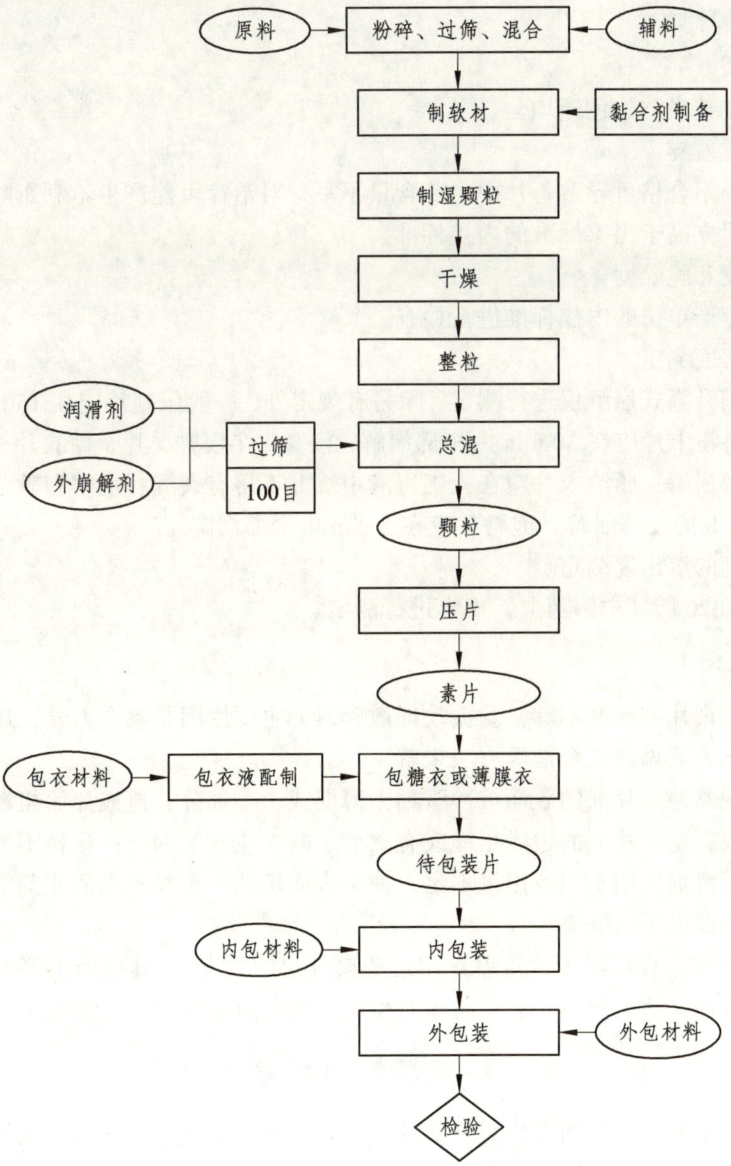

图 2-1　片剂制备工艺流程图

4. 记 录

如实填写各生产操作记录（表 2-1）。

表 2-1　片剂制备生产操作记录单

日期：

序号	检查时间	生产工序要求	是否按生产工艺操作	检查人
1				
2				

5. 质量判断

（1）外观。

外观应完整光洁、色泽均匀。

（2）片重差异。

片重差异不合格可导致每片中主药含量不一，对治疗可能产生不利影响，一般生产企业工序应建立高于国家标准的内控标准。

（3）硬度和脆碎度。

根据各生产单位的内控标准进行检查。

（4）崩解度测定。

一般采用升降式崩解仪进行测定，除另有规定外，一般压制片应在 15 min 内全部崩解；药材原料粉末片应在 30 min 内全部崩解；浸膏（半浸膏）片、糖衣片、薄膜衣片应在 1 h 内全部崩解；肠溶衣片应在人工胃液中 2 h 不得有裂缝、崩解和软化等现象，在人工肠液中 1 h 内全部崩解；泡腾片应在 5 min 内全部崩解。

（5）片剂的溶出度测定。

应根据 2020 版《中国药典》规定进行测定。

【注意事项】

（1）当发现片剂硬度不够，受振动即散碎时，主要原因是黏合力差，压力不足等，一般需调整压力或添加黏合剂等方法来解决。

（2）出现黏冲（片剂的表面被冲头黏去薄层或一小部分，造成片面粗糙不平或有凹痕的现象）或黏壁（片剂的边缘粗糙或有缺痕）时，主要原因有：颗粒不够干燥，物料较易吸湿，润滑剂选用不当或用量不足，冲头表面锈蚀、粗糙不光滑或刻字等，应根据实际情况查找原因予以解决。

（3）若片重差异超限（片重差异超过药典规定的要求）。其原因主要有颗粒大小不匀、下冲升降不灵活、加料斗装量时多时少等，需及时查找原因处理解决。

思考与探索

（1）当发生裂片（片剂发生裂开的现象）时，可能的原因是什么？该如何处理？

（2）若制备的片剂松散易碎，可能的原因是什么？该如何处理？

实训二 颗粒剂的制备

一、基本知识

制粒操作包括干法制粒、湿法制粒和一步混合制粒等方法。常用的制粒设备主要包括快速混合制粒机、一步制粒机、沸腾干燥器和摇摆式颗粒机等。

1. 快速混合制粒机

快速混合制粒机主要由机座、调速电机、混合缸、水平搅拌桨、垂直制粒刀、气动出料阀和控制系统等构成。其工作原理是由气动系统关闭出料阀，加入物料后，在封闭的容器内，依靠水平搅拌桨的旋转、推进和抛散作用，使容器内的物料迅速翻转达到充分混合，黏合剂或润湿剂从上盖顶部加料口加入，同时，利用垂直且高速旋转前缘锋利的制粒刀，将其迅速切割成均匀的颗粒。制得的颗粒由出料口放出。此设备为间歇操作。

2. 一步制粒机

该机主要由鼓风机、空气过滤器、加热器、进风口、物料容器、流化室、出风口、旋风分离器、空压机、黏合剂供液泵、黏合剂喷嘴等组成，可将混合、制粒、干燥工序并在一套设备中完成，其工作原理为：物料粉末置于流化室下方的原料容器中，空气经过滤加热后，从原料容器下方进入，将物料吹拂至流化状态，黏合剂经供液泵送至流化室顶部，与压缩空气混合经喷头喷出，物料与黏合剂接触聚结成颗粒。热空气对颗粒加热干燥即形成均匀的多微孔球状颗粒而回落至原料容器中。此设备为间歇操作。

3. 沸腾干燥机

沸腾干燥机主要由空气净化过滤器、电加热器、进风调节阀、沸腾器、搅拌器、干燥室、密封圈、物料阻隔布袋、进风排风温度计、旋风分离器和风机等组成。其工作原理是将制备好的湿颗粒置于沸腾器内，沸腾器与干燥器连接好密闭后，空气经净化加热后从干燥室下方进入，通过分布器进入干燥室，使物料“沸腾”起来并进行干燥，干燥后废气中的细粉由旋风分离器回收。

4. 摇摆式颗粒机

此设备由制粒部分和传动两部分组成，主要由机座、电机、皮带轮、蜗杆、蜗轮、齿条、滚筒、筛网和管夹（棘轮机构）等构成。该设备为挤压式的过筛装置，它利用装在机转轴上棱柱的往复转动作用，将药物软材从筛网中挤压成颗粒，可用于制颗粒和整粒。此设备为连续操作。

二、实训设计

【实训目的】

（1）掌握制粒岗位的操作。

（2）掌握制粒生产工艺管理要点及质量控制要点。

（3）掌握快速混合制粒机和沸腾干燥机的标准操作规程。

（4）掌握快速混合制粒机和沸腾干燥机的清洁、保养、标准操作规程。

【实训内容】

使用快速混合制粒机和沸腾干燥机完整地进行颗粒剂制备流程。

【实训设备与材料】

快速混合制粒机、沸腾干燥机、原料。

【实训步骤】

1. 生产前准备

（1）核对《清场合格证》并确认在有效期内，检查设备及容器具是否清洁卫生，取下“已清场”标牌换上“正在生产”标牌，当温湿度符合工艺要求时方可投料生产，否则按清场标准规程进行清场并经质检（QA）人员检查合格后，填写清场合格证，方可进入下一步操作。

（2）检查设备是否有“合格”标牌、“已清洁”标牌，并对设备状况进行检查，确认设备正常，方可使用。

（3）根据生产指令填写领料单，向中间站领取物料，并核对品名、批号、规格、数量、质量等无误后，进行下一步操作。

（4）按《设备消毒规程》《工具消毒规程》对设备及所需容器、工具进行消毒。

（5）挂上“正在运行”状态标志，进入操作。

2. 开机操作

（1）启动设备空转运行，听转动声音是否正常。

（2）按《快速混合制粒机标准操作规程》进行操作，根据不同产品的工艺要求，加入适量的黏合剂制成合格的颗粒。

（3）按《沸腾干燥机标准操作规程》进行干燥操作，制成符合规定要求的干燥颗粒。

（4）干燥后颗粒根据粒度用摇摆式颗粒机进行整粒，然后加入润滑剂、外加崩解剂，用干混机进行总混。

（5）总混后颗粒盛装于洁净的容器中密封，交中间站，并称量、贴签、填写请验单，由化验室检验，每件容器均应附有物料状态标记，注明品名、批号、数量、日期、操作人等。

3. 操作结束

（1）将生产所剩物料收集，标明状态，交中间站，并填写好记录。

（2）按《制粒设备清洁操作规程》《沸腾干燥机清洁操作规程》《场地清洁操作规程》对设备、场地、用具、容器进行清洁消毒，经 QA 人员检查合格，发清场合格证。

图 2-2 为颗粒剂剂制备工艺流程图。

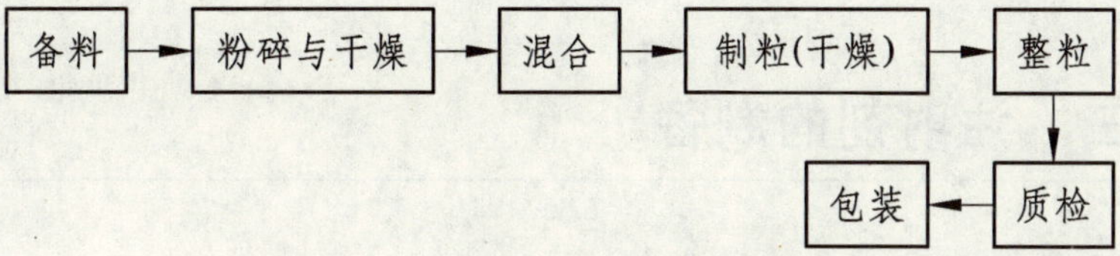

图 2-2 颗粒剂制备工艺流程图

4. 记 录

如实填写各生产操作记录（表 2-2）。

表 2-2 颗粒剂制备生产操作记录单

日期：

序号	检查时间	生产工序要求	是否按生产工艺操作	检查人
1				
2				

5. 质量判断

外观、颗粒度应符合 2020 版《中国药典》要求。

【注意事项】

（1）制粒操作室必须保持干燥，室内呈负压；

（2）严格按工艺规程和称量配料标准操作程序进行配料，称量配料过程中要严格实行双人复核制，做好记录并签字；

（3）生产过程所有物料均应有标示，防止发生混药、混批；

（4）操作中要重点控制黏合剂用量，快速混合制粒机中搅拌桨和制粒刀的旋转速度和时间，以及烘干温度和烘干时间等，保证颗粒质量符合标准。

思考与探索

（1）如何保证制粒的质量？

（2）请总结颗粒剂制备的工艺要点。

实训三　注射剂的制备

一、基本知识

注射剂，简称针剂，系指以药物制成的供注入体内的灭菌溶液、乳浊液或混悬液，以及供临用前配成溶液或混悬液的无菌粉末或浓缩液。注射剂是当前应用最广泛的剂型之一，它具有如下优点：起效迅速、作用可靠；适用于不宜口服的药物；适用于不宜口服给药的病人；可产生局部作用等。当然，注射剂也存在一些缺点，如使用不便、注射疼痛，给药和制备过程复杂，生产设备成本较高等。注射剂常见的类型按分散系统分有溶液型注射剂、混悬型注射剂、乳剂型注射剂、注射用无菌粉末等。制备注射剂的主要设备有以下几种：

1. 配液罐

配液罐是注射剂生产中配制药物溶液的容器。配液罐应由化学性质稳定、耐腐蚀的材料制成，避免污染药液，目前药厂多采用不锈钢配液罐。配液罐在罐体上带有夹层，罐盖上装有搅拌器。夹层既可通入蒸汽加热，提高原辅料在注射用水中的溶解速度；又可通入冷水，吸收药物溶解热。搅拌器由电机经减速器带动，转速约 20 r/min，加速原辅料的扩散溶解，并促进传热，防止局部过热。

2. 过滤设备

（1）钛棒：以工业纯钛粉（纯度≥99.68%）为主要原料经高温烧结而成。主要特性有：①化学稳定性好，能耐酸、耐碱，可在较大 pH 值范围内使用；②机械强度大，精度高、易再生、寿命长；③孔径分布窄，分离效率高；④ 抗微生物能力强，不与微生物发生作用；⑤耐高温，一般可在 300℃以下正常使用；⑥无微粒脱落，不对药液形成二次污染。钛棒常用于浓配环节中的脱碳过滤以及稀配环节中的终端过滤前的保护过滤。

（2）微孔滤膜滤器。微孔滤膜是一种高分子滤膜材料，具有很多的均匀微孔，孔径从 0.025 ~ 14 μm 不等，其过滤机理主要是物理过筛作用。微孔滤膜的种类很多，常用的有醋酸纤维滤膜、聚丙烯滤膜、聚四氟乙烯滤膜等。微孔滤膜的优点是孔隙率高、过滤速度快、吸附作用小、不滞留药液、不影响药物含量，设备简单、拆除方便等；缺点是耐酸、耐碱性能差，对某些有机溶剂如丙二醇适应性也差，截留的微粒易使滤膜阻塞，影响滤速，故应用其他滤器初滤后，才可使用该膜过滤。

二、实训设计

【实训目的】

（1）掌握配液岗位操作法。

（2）掌握配液工艺管理要点及质量控制点。

（3）掌握浓配罐、稀配罐、滤器的标准操作规程。

（4）掌握浓配罐、稀配罐、钛滤器、微孔滤膜滤器的清洁保养标准操作规程。

【实训内容】

使用浓配罐、稀配罐、钛滤器等完成一次注射剂的制备，并进行仪器的清洁和保养。

【实训设备与材料】

浓配罐、稀配罐、钛滤器、微孔滤膜滤器、原料。

【实训步骤】

1. 生产前准备

（1）检查操作间是否有清场合格标志，并在有效期内，否则按清场标准操作规程进行清场并经 QA 人员检查合格后，填写清场合格证，才能进入下一步操作。

（2）检查设备是否有“合格”标牌、“已清洁”标牌，并对设备状况进行检查，确认正常后，方可使用。

（3）检查工具、容器等是否清洁、干燥。

（4）调节电子天平，领取符合生产指令要求的物料，同时核对品名、数量、规格、质量等，做到准确无误，并填写领料单。

（5）按《设备、工具消毒规程》对配料罐、容器、过滤器、工具进行消毒。

（6）挂“正在运行”状态标志，进入生产操作。

2. 生产操作

（1）原辅料的准备。

①配制前，应准确计算原料的用量，称量时应两人核对。

②若在制备过程中（如灭菌后）药物含量易下降，应酌情增加投料量。

③含结晶水药物应注意其换算关系。

（2）注射液的浓配。

按《浓配罐标准操作规程》进行配制，配制后的药液按《钛滤器标准操作规程》进行粗滤。

（3）注射液的稀配。

将浓配后的药液泵入稀配罐，按《稀配罐标准操作规程》进行稀配，然后根据《微孔滤膜滤器标准操作规程》精滤药液，保证过滤后的溶液澄明度符合要求。

（4）将过滤后的药液置贮罐贮存，填写请验单，待化验合格后进行灌封。

3. 操作结束

（1）将生产剩余物料收集，标明状态，交中间站，填写退料单。

（2）按《设备清洁标准操作规程》《过滤器清洁标准操作规程》《生产工具清洁标准操作规程》对设备、工具、容器进行清洁消毒，按《生产间清场标准操作规程》进行清场，经 QA 人员检查合格后，发放清场合格证。

图 2-3 为注射剂制备工艺流程图。

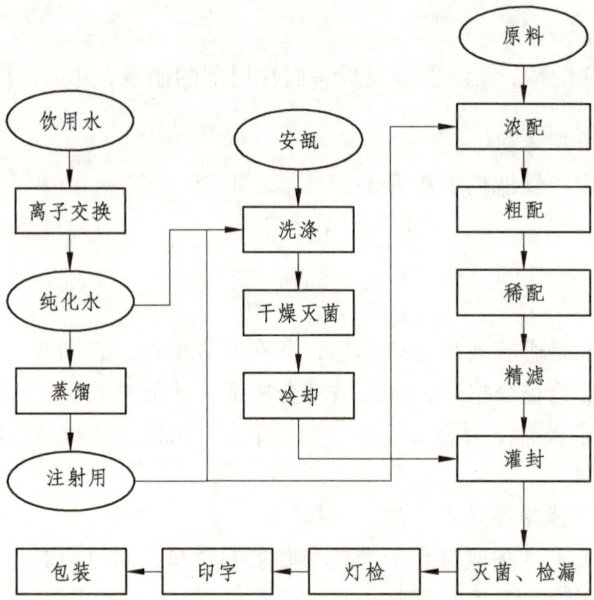

图 2-3　注射剂制备工艺流程图

4. 记　录

如实填写各生产操作记录（表 2-3）。

表 2-3　注射剂制备生产操作记录单

日期：

序号	检查时间	生产工序要求	是否按生产工艺操作	检查人
1				
2				

5. 质量判断

色泽、含量、pH、澄明度检查应符合 2020 版《中国药典》要求。

【注意事项】

（1）配制注射液时应在洁净的环境中进行，所用器具、原料及附加剂等尽可能无菌，以减少污染。

（2）配制剧毒药品注射液时，应严格称量与核对，并谨防交叉污染。

（3）对不稳定的药物应注意调配顺序（先加稳定剂或通惰性气体等），有时要控制温度与避光操作。

（4）对于不易滤清的药液可加 0.1%～0.3%活性炭处理，小量注射液可用纸浆混炭处理。

思考与探索

（1）若配制过程中药物含量下降，该怎么做？

（2）如何保证无菌制备？

实训四　软胶囊剂的制备

一、基础知识

胶囊剂可分为硬胶囊剂和软胶囊剂两种。软胶囊剂（又称胶丸），是指将一定量的药液（或药材提取物）加适宜的辅料密封于各种形状的软质囊材中制成的剂型。囊材由明胶、甘油、水或其他适宜的药用材料制成。囊壳柔软、有弹性、含水量高。

软胶囊的生产方法主要有压制法和滴制法两种，生产时成型与填充药物是同时进行的。

二、实训设计

【实训目的】

（1）掌握化胶岗位操作法。

（2）掌握水浴式化胶罐、真空搅拌罐标准操作规程。

（3）掌握水浴式化胶罐、真空搅拌罐的清洁及维护、保养标准操作规程。

【实训内容】

使用水浴式化胶罐、真空搅拌罐等设备制备软胶囊原料及胶囊剂。

【实训设备与材料】

水浴式化胶罐（配套设备：真空泵、冷热水循环泵、煮水锅、缓冲罐等）、真空搅拌罐，明胶、甘油、防腐剂等。

【实训步骤】

水浴式化胶操作流程如下：

纯化水通入化胶罐内，加热至 50～60℃→加入防腐剂搅拌至全溶→加入明胶、甘油，溶解后启动真空泵脱泡→加入色素，继续搅拌至均匀→检验合格后出胶→在保温桶中放置供制备软胶囊使用

1. 生产前准备

（1）复核清场情况。

①检查生产场地有无上一批生产遗留的胶液、生产工具、物料、废弃物、状态标志等。

②检查化胶工作间的门窗、天花、墙壁、地面、灯罩、开关外箱、风口是否已清洁，应无浮尘、无油污。

③文件检查：无上一批生产记录及与本批生产无关文件等。

④检查是否有上一次生产的“清场合格证”，是否在有效期内，证上所填写的内容是否齐全，是否有 QA 签字。

（2）接收生产指令。

①工艺员发“软胶囊化胶工序生产记录”、物料标志、“运行中”标志。

②仔细阅读“批生产指令”的要求和内容。

③填写“运行中”标志的各项内容。

（3）设备、生产用具的准备。

①按《化胶罐操作规程》检查。

②检查化胶罐及其附属设备（煮水锅、真空泵、冷热水循环泵、搅拌机、仪器、仪表工具）是否处于正常状态；化胶罐盖密封情况，开关是否灵敏正常；紧固件有无松动，零部件是否齐全完好，润滑点是否已加油润滑，且无泄漏。

③检查化胶罐、生产用具是否已清洁、干燥；检查电子秤、流量计的计量范围是否符合生产要求，并清洁完好，有无计量检查合格证且在规定的使用期内，并在使用前进行校正。

④检查煮水锅内水量是否足够（水位线应在目视镜 4/5 处），如水量不足，应开启补水阀，补足水量。从安全角度考虑，水位不能超过目视镜 4/5 处，以防通入蒸汽后造成锅内压力过大而发生爆炸。

（4）由班组申请 QA 检查，检查合格后领取 QA 签发的“准予生产证”。

2. 生产操作

（1）在生产时所用的化胶罐挂上“运行中”标志，标志上应具备所生产物料品名、批号、规格、生产日期及填写人签名。

（2）开启循环水泵，然后开启蒸汽阀门，蒸汽与循环水直接接触并加热循环水。当循环水温度达到 95℃时应适当减少蒸汽阀门的开启度（以排汽口没有大量蒸汽溢出为准）。

（3）根据胶液配方及配制量，用流量计测量定量纯净水放入化胶罐内。

（4）开启热水循环泵，将煮水锅内热水循环至化胶罐夹层，加热罐内纯净水。

（5）待化胶罐内纯净水温度达 50～60℃时，关闭罐上的排气阀和上盖，开启搅拌机和真空泵，将称量好的明胶和甘油等原辅料用吸料管吸入化胶罐内，吸料完毕，关闭真空泵。

（6）待罐内明胶完全吸水膨胀，搅拌均匀。

（7）待罐内胶液达到 65～70℃时，开启缓冲罐的冷却水阀门，然后开启真空泵，对罐内胶液进行脱泡。

（8）通过目视镜观察罐内胶液的情况，脱泡至最少量为止。关闭真空泵，打开排气阀。

（9）如胶液需加入色素，此时将称量好的色素加入化胶罐内，继续搅拌 15 min 至均匀后，关闭搅拌。

（10）测定黏度和气泡量均符合要求后，用 60 目双层尼龙滤袋，滤过胶液到保温贮胶罐中，50～55℃保温备用。

3. 生产结束

（1）生产用具按《软胶囊生产用具清洁规程》、设备按《化胶罐清洁规程》、生产环境按《300 000 级洁净区清洁规程》进行清洁。

（2）按《化胶间清场规程》进行清场，并填写清场记录。

图 2-4 为软胶囊剂制备工艺流程图。

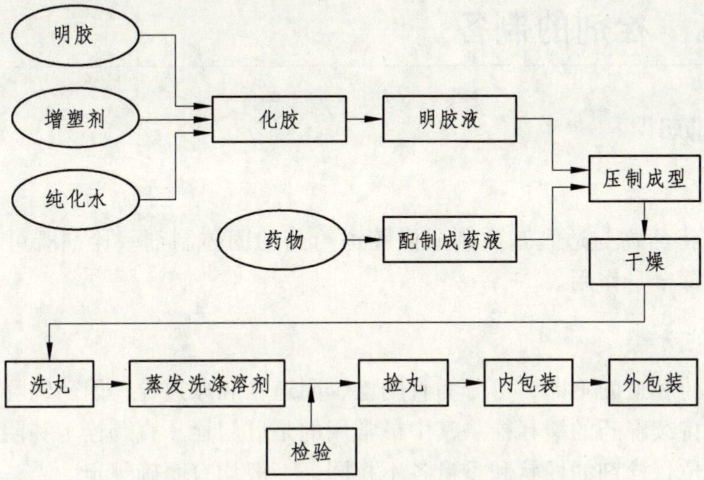

图 2-4　软胶囊剂制备工艺流程图

4. 记　录

如实填写各生产操作记录（表 2-4）。

表 2-4　软胶囊剂制备生产操作记录单

日期：

序号	检查时间	生产工序要求	是否按生产工艺操作	检查人
1				
2				

5. 质量判断

外观、水分、装量差异、崩解度与溶出度应符合 2020 版《中国药典》要求。

【注意事项】

（1）化胶时，温度越高、时间越长，胶液的黏度破坏越严重，应根据每批明胶的质量，控制化胶温度及时间。

（2）如加入 Fe_2O_3、Fe_3O_4 等色素，应增加甘油的投料量，以保持制成软胶囊后胶皮的柔软性。

（3）若喷体漏液，可能是接头漏液或者喷体内垫片老化弹性下降，可以更换接头或者垫片。

（4）软胶囊应完整光洁，不得有黏结、变形、渗漏或囊壳破裂现象，并应无异臭。

思考与探索

（1）如何进行软胶囊剂装量差异限度检查？

（2）软胶囊剂溶出度和崩解时限都需要检查吗？

（3）若胶皮厚度不稳定，该怎么处理？

实训五　栓剂的制备

一、基础知识

1. 栓剂的定义

栓剂是指将药物与适宜基质制成供腔道给药的固体制剂。栓剂既可以发挥局部作用，也可以发挥全身作用。

2. 栓剂的分类

栓剂因施药腔道的不同，可分为直肠栓、阴道栓和尿道栓；因药物释放的不同又可分为普通栓和持续释药的缓释栓。其中最常用的是肛门栓（直肠栓）和阴道栓。为适应机体的应用部位，栓剂的性状和重量各不相同，一般均有明确规定。

（1）肛门栓有圆锥形、圆柱形、鱼雷形等形状。每颗重量约 2 g，长 3 ~ 4 cm，儿童用肛门栓重约 1 g。其中以鱼雷形较好，塞入肛门后，因括约肌收缩容易压入直肠内。肛门栓中药物主要发挥局部治疗作用,药物经直肠黏膜吸收入血也可产生全身治疗作用。

（2）阴道栓有球形、卵形、鸭嘴形等形状，每颗重量约 2 ~ 5 g，直径 1.5 ~ 2.5 cm，其中以鸭嘴形的表面积最大。尿道栓有男女之分，男用的重约 4 g，长 1 ~ 1.5 cm；女用重约 2 g，长 0.60 ~ 0.75 cm。

3. 栓剂的制备方法

栓剂的制备方法有热熔法、冷压法和搓捏法三种，可按基质的不同性质选择制备方法。一般脂肪性基质可采用上述方法中的任何一种，而水溶性基质则多采用热熔法。

二、实训设计

【实训目的】

（1）掌握热熔法制备栓剂的工艺和操作要点。
（2）掌握置换价测定方法及应用。
（3）熟悉栓剂基质的分类和应用。
（4）了解栓剂的质量评价。

【实训内容】

使用热熔法制备栓剂。

【实训设备与材料】

栓模、蒸发皿、研钵、水浴、电炉、分析天平、烧杯、甘油、甘油明胶、硬脂酸、碳酸钠等。

【实训步骤】

1. 热熔法制备栓剂的工艺流程

热熔法制备栓剂的工艺流程为：基质→熔化→加入药物（混匀）→注入栓模（已涂润滑剂）→完全凝固→削去溢出部分→脱模、质检→包装

2. 生产操作

（1）计算基质用量。

用置换价计算公式计算各个试剂的用量。

（2）加热熔化。

将基质水浴加热熔化。

（3）药物粉碎。

若药物不能溶解于基质中，应先将药物粉碎成细粉（全部通过六号筛）。

（4）混匀。

将药物溶解、悬浮或乳化在基质中，混合均匀。

（5）涂模与注模。

①涂模：栓模内应预先涂润滑剂以隔离基质与模具，便于启模。

②注模：将药物与基质的混合物倾入冷却并涂有润滑剂的栓模中，以稍微溢出模口为度。

（6）冷却。

将已倾入基质的模具放冷。

（7）刮平。

待基质完全冷却后，削去溢出部分。

（8）启模。

打开模具，取出已成形的栓剂。

（9）质量检测

栓剂的质量要求包括融变时限、重量差异限度、外观性状等。

3. 生产结束

①对生产用具、生产设备、生产环境进行清洁。

②进行清场，并填写清场记录。

图 2-5 为栓剂制备工艺流程图

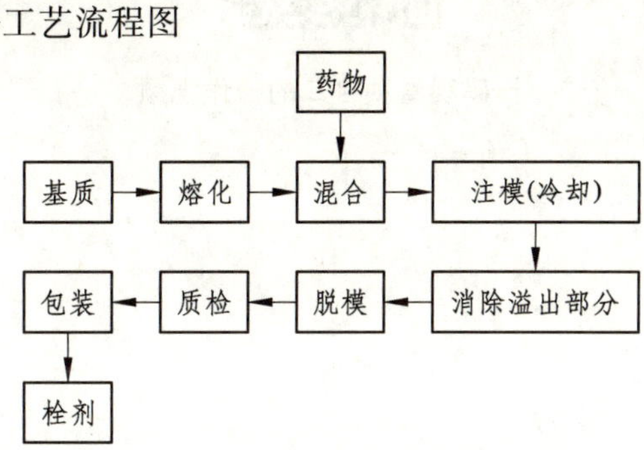

图 2-5　栓剂制备工艺流程图

4. 记 录

如实填写各生产操作记录（表 2-5）。

表 2-5 栓剂制备生产操作记录单

日期：

序号	检查时间	生产工序要求	是否按生产工艺操作	检查人
1				
2				

5. 质量判断

重量差异、融变时限、微生物限度应符合 2020 版《中国药典》要求。

【注意事项】

（1）制备甘油栓时，硬脂酸细粉应少量分次加入，与碳酸钠充分反应，直至泡沫停止、溶液澄明、皂化反应完全，产生的二氧化碳必须除尽。

（2）优良的甘油栓应透明而有适宜的硬度，所以皂化反应必须完全，方法是将皂化温度升高，控制在 115℃左右，同时处方中碱的用量须比理论值稍高（高 10%~15%）。

（3）栓剂水分含量不宜过多，否则成品浑浊。

思考与探索

（1）栓剂制备操作时有哪些注意点？

（2）合格的栓剂外观应该具有哪些表现？

（3）栓剂临床应用有哪些优缺点？

扫码观看项目二的操作视频

3

项目三 药物分析实训

任务一

药品标准基本知识

一、药品标准

药品标准是国家为保证药品质量所制定的质量指标、检验方法以及生产工艺等的技术要求，是药品生产、流通、使用、检验和监督管理部门共同遵循的法定依据。

中国实施的药品标准是国家标准。《中华人民共和国药品管理法》（2019 年修订）第 28 条规定："药品必须符合国家药品标准"。"国务院药品监督管理部门颁布的《中华人民共和国药典》和药品标准为国家药品标准。"

国家药品标准包括：《中华人民共和国药典》（英文缩写 ChP）、国家食品药品监督管理总局（CFDA）颁布的药品标准（简称《局颁标准》）、中华人民共和国卫生部药品标准（简称《部颁标准》）、注册标准及其他标准。

药品标准具有法定性质，属强制性标准。我国凡正式批准生产的药品或药用辅料都要执行《中国药典》和《局颁标准》。中药材、中药饮片分阶段、分品种实施批准文号管理，中药饮片应当按照国家药品标准炮制；国家药品标准没有规定的，其标准应当按照省、自治区、直辖市人民政府药品监督管理部门制定的炮制规范执行。

二、《中华人民共和国药典》基本知识

根据《中华人民共和国药品管理法》的规定，药品应当符合国家药品标准。

《中国药典》是国家药品标准的重要组成部分，是药品研制、生产（进口）、经营、使用和监督管理等相关单位均应遵循的法定技术标准。《中国药典》一经颁布实施，其同品种的上版标准或其原国家标准即同时停止使用。现行《中国药典》（2020 版）由一部、二部、三部、四部及其增补本组成。一部收载中药材和饮片、植物油脂和提取物、成方制剂和单味制剂等；二部收载化学药品、抗生素、生化药品以及放射性药品等；三部收载生物制品；四部收载通则和药用辅料。

《中国药典》的内容包括凡例、正文、索引与附录。

凡例是正确使用《中国药典》进行药品质量检定的基本原则，是对《中国药典》正文、通则及与质量检定有关的共性问题的统一规定，具有法律效力。

《中国药典》各品种项下收载的内容统称为标准正文，正文系根据药物自身的理化与生物学特性，按照批准的来源、处方、制法和贮藏、运输等条件所制定的、用以检测药品质量是否达到用药要求并衡量其质量是否稳定均一的技术规定。

通则主要收载制剂通则、通用检测方法和指导原则。制剂通则系按照药物剂型分类，针对剂型特点所规定的基本技术要求；通用检测方法系各正文品种进行相同检查项目的检测时所应采用的统一的设备、程序、方法及限度等；指导原则系为执行药典、考察药品质量、起草与复核药品标准等所制定的指导性规定。

任务二
药物分析常见仪器的使用与维护

一、红外分光光度计的使用与维护

1. 基本知识

红外分光光度法适用于测定在 400 ~ 4000 cm^{-1} 波数范围内具有吸收光谱能力的物质，常用于化合物的鉴别、检查或含量测定。除部分光学异构体以及长链烷烃同系物外，几乎没有两个化合物具有相同的红外光谱，据此可以对化合物进行定性和结构分析；化合物对红外辐射的吸收程度与其浓度的关系符合朗伯-比尔定律，是红外分光光度法定量分析的依据。

2. 注意事项与维护

（1）在使用红外分光光度计之前要注意应先将其厂家附带的使用说明书熟读一遍，按照操作的具体流程以及注意事项进行实验。在实验开始之前，一定要对操作的红外分光光度计整个仪器进行较为细致的检查，检查无误方可进行实验，如果发现其仪器有问题则应该及时报告，切勿自行修理。

（2）红外分光光度计使用时一定要注意按照开机、校正、检测样品、保存数据、取出样品、复位、关机等正确的步骤进行有序的操作，并且实验过程中操作仪器动作应轻柔，避免对其进行胡乱的拍打或剧烈撞击。另外，在使用的过程中一定要注意不能擅自对红外分光光度计进行调整，更不能拆卸其中的零件。

（3）红外分光光度计常连接计算机进行数据存储，所以在工作期间不可中断电源。

（4）在每次样品测定结束后要注意保证红外分光光度计设备干净整洁，尤其是对于不小心残留在仪器表面的液体要及时地清理干净，同时还要注意将其仪器的所在房间打扫干净。另外，仪器设备使用完毕应及时关闭电源。

（5）实验需提前热机，一般开机 30 min 后方可测试样品。

（6）夏季即使不使用仪器，也需要定期开机通电数小时，以去除潮气。

（7）使用仪器时，不要用手或其他物品接触光栅表面，以免造成误差。

二、紫外-可见分光光度计的使用与维护

1. 基本知识

紫外-可见分光光度法适用于检测 190~800 nm 波长范围内具有吸收光谱能力的物质，常用于物质的鉴别、杂质检查和定量测定。紫外-可见分光光度计由通常光源、单色器、吸收池、检测器、信号显示系统组成。

2. 仪器的校正和检定

波长的校正：常用汞灯中的较强谱线 237.83 nm、253.65 nm、275.28 nm、296.73 nm、

313.16 nm、334.15 nm、365.02 nm、404.66 nm、435.83 nm、546.07 nm 与 576.96 nm，或用仪器中氘灯的 486.02 nm 与 656.10 nm 谱线进行校正。

吸光度的准确度检定：可用重铬酸钾的硫酸溶液进行检定。

杂散光的检查：常使用碘化钠和亚硝酸钠试剂配制成一定浓度的水溶液进行检测，在规定的波长处测定其透光率，应符合相关规定。

对溶剂的要求：在测定供试品前，应先检查所用的溶剂在供试品所用的波长附近是否符合要求，即将溶剂置 1 cm 石英吸收池中，以空气为空白（即空白光路中不置任何物质）测定其吸光度。

溶剂和吸收池的吸光度，在 220 ~ 240 nm 范围内不得超过 0.40，在 241 ~ 250 nm 范围内不得超过 0.20，在 251 ~ 300 nm 范围内不得超过 0.10，在 300 nm 以上时不得超过 0.05。

3. 注意事项与维护

（1）使用的吸收池必须洁净，并注意配对使用。量瓶、移液吸管均应校正、洗净后使用。

（2）取吸收池时，手指应拿毛玻璃面的两侧，装盛样品以池体的 4/5 为度，使用挥发性溶液时应加盖，透光面要用擦镜纸由上而下擦拭干净，检视应无溶剂残留。吸收池放入样品室时应注意方向相同。用后用溶剂或水冲洗干净，晾干防尘保存。

（3）供试品溶液浓度除该品种已有注明外，其吸收度以 0.3 ~ 0.7 为宜。

（4）注意仪器的工作环境。应避免阳光直射、避免强电场、避免与较大功率的电器设备共电、避开腐蚀性气体等。

（5）实验需提前热机，一般开机 30 min 后方可以测试样品。

（6）检测样品不可在样品室中过夜，试验结束必须立即清理，保证样品室中干燥的环境。

（7）仪器需要定期维护保养，并加以校正。

三、高效液相色谱分析仪的使用与维护

1. 基本知识

高效液相色谱分析法是指采用高压输液泵将规定的流动相泵入装有填充剂的色谱柱，对供试品进行分离测定的色谱方法。注入的供试品，由流动相带入色谱柱内，各组分在柱内被分离，并进入检测器检测，由积分仪或数据处理系统记录和处理色谱信号。高效液相色谱仪主要由输液泵、进样器、色谱柱、检测器和数据处理系统等组成。

2. 一般使用要求和色谱条件

（1）色谱柱：内径一般为 3.9 ~ 4.6 mm，填充剂粒径为 3 ~ 10 μm。有反相色谱柱、正相色谱柱、离子交换色谱柱、手性分离色谱柱等。

（2）检测器：最常用为紫外-可见分光检测器，包括二极管阵列检测器，其他常见的检测器有荧光检测器、蒸发光散射检测器、示差折光检测器、电化学检测器和质谱检测器等。

（3）流动相：反相色谱系统的流动相常用甲醇-水系统和乙腈-水系统。

3. 注意事项与维护

（1）选择流动相时应注意的几个问题：①尽量使用高纯度试剂作流动相，防止微量杂质长期累积损坏色谱柱和使检测器噪声增加。②试样在流动相中应有适宜的溶解度，防止产生沉淀并在柱中沉积。③流动相同时还应满足检测器的要求。当使用紫外检测器时，流动相不应有较强的紫外吸收。

（2）泵的维护保养：①防止任何固体微粒进入泵体，实验前需预先对流动相进行过滤，可在泵的入口都应该连接砂滤棒（或片），同时输液泵的滤器应经常更换，保持干净。②配制的流动相不应含有任何腐蚀性物质，使用含有缓冲液的流动相不应保留在泵内，尤其是停泵过夜或更长时间，否则会造成堵泵。每次分析工作结束后必须用高比例含水溶剂充分清洗后，再换成适合于色谱柱保存和有利于泵维护的溶剂。③泵工作时要留心防止溶剂瓶内的流动相用完，否则空泵运转也会磨损柱塞、密封环或缸体，最终产生漏液。④输液泵的工作压力不要超过规定的最高压力，否则会使高压密封环变形，产生漏液。

（3）检测器维护保养：①流通池进入气泡会干扰基线，并极难排出，应使用充分脱气的流动相，以减少气泡的产生。②应定期冲洗系统，避免流通池干涸。③检测器中氘灯（光源）随着使用时间的增加，氘灯强度降低，噪声会不断增大，故应在分析前柱平衡差不多时再打开检测器，分析工作结束后应及时关闭检测器。

（4）如果输液泵产生以下故障，须及时查明原因，采取相应措施排除故障。

①没有流动相流出，又无压力指示。原因可能是泵内有大量气体，这时可打开泄压阀，使泵在较大流量下运转，将气泡排尽，也可用一个 50 mL 针筒在泵出口处帮助抽出气体。另一个可能原因是密封环磨损，需更换。

②压力和流量不稳。原因可能是流动相内有气泡，需要排除；或者是单向阀内有异物，可卸下单向阀，浸入丙酮内超声清洗。有时可能是砂滤棒内有气泡，或被盐的微细晶粒或滋生的微生物部分堵塞，这时可卸下砂滤棒浸入流动相内超声除气泡，或将砂滤棒浸入稀酸内迅速除去微生物，或将盐溶解，再立即清洗。

③压力过高。原因可能是管路被堵塞，需要清除和清洗。有时也可有压力降低的故障出现，其原因则可能是管路有泄漏。检查堵塞或泄漏时应逐段进行。

（5）色谱柱的使用和维护注意事项。

色谱柱的正确使用和维护十分重要，稍有不慎就会降低柱效、缩短使用寿命甚至损坏。在色谱操作过程中，需要注意下列问题，以维护色谱柱。

①避免压力和温度的急剧变化及任何机械振动。温度的突然变化或者使色谱柱从高处掉下都会影响柱内的填充状况；柱压的突然升高或降低也会冲动柱内填料，因此在调节流速时应该缓慢进行。

②应逐渐改变溶剂的组成，特别是反相色谱中，不应直接从有机溶剂改变为全部是水，反之亦然。

③一般说来色谱柱不能反冲，只有生产者指明该柱可以反冲时，才可以反冲除去留在柱头的杂质。否则反冲会迅速降低柱效。

④选择使用适宜的流动相（尤其应注意 pH），以避免固定相被破坏。有时可以在进样器前面连接一预柱，分析柱是键合硅胶时，预柱为硅胶，可使流动相在进入分析柱之前预先被硅胶“饱和”，从而避免分析柱中的硅胶基质被溶解。

⑤避免将基质复杂的样品尤其是生物样品直接注入柱内，通常需要对样品进行预处理或者在进样器和色谱柱之间连接一个保护柱。保护柱一般是填有相似固定相的短柱，保护柱应该经常更换。

（6）样品必须经过滤操作后方可进样，通常需过 0.45 μm 微孔滤膜。

（7）配置流动相所用的水要求为超纯水，可避免一些杂质的干扰。

四、气相色谱分析仪的使用与维护

1. 基础知识

气相色谱分析法是指采用气体为流动相（载气）流经装有填充剂的色谱柱进行分离测定的色谱方法。其基本原理是物质或其衍生物气化后，被载气带入色谱柱进行分离，各组分先后进入检测器，用数据处理系统记录色谱信号。

2. 对仪器的一般要求

（1）载气源：气相色谱法的流动相为气体，称为载气。氦气、氮气和氢气可用作载气，可由高压钢瓶或高纯度气体发生器提供，经过适当的减压装置，以一定的流速经过进样器和色谱柱；根据供试品的性质和检测器种类选择载气，除另有规定外，常用载气为氮气。

（2）进样部分：进样方式一般可采用溶液直接进样、自动进样或顶空进样。

（3）色谱柱：色谱柱为填充柱或毛细管柱。

（4）柱温箱：由于柱温箱温度的波动会影响色谱分析结果的重现性，因此柱温箱控温精度应在 ±1℃，且温度波动小于每小时 0.1℃。

（5）检测器：适合气相色谱法的检测器有火焰离子化检测器（FID）、热导检测器（TCD）、氮磷检测器（NPD）、火焰光度检测器（FPD）、电子捕获检测器（ECD）、质谱检测器（MS）等。

（6）数据处理系统：分为记录仪、积分仪以及计算机工作站等。

3. 注意事项与维护

（1）载气的流路顺序：高压钢瓶（或气体发生器）→减压阀→气体净化器→稳压阀→压力表→载气流量控制器。

（2）气相色谱仪的气路在实验前需要认真检漏，气路密封不严会影响分析结果的准确性。实验中若使用 H_2，则应严禁泄漏，H_2 的泄漏可能会引发爆炸等危险性事故。

选择载气时还要考虑不同检测器的适应性。

（3）实际分析工作中为了缩短分析时间，采用的载气流速通常稍大于最佳流速。

（4）根据样品特性选择合适的进样方式。溶液直接进样多用于填充柱色谱法，顶空进样适用于固体和液体试样中挥发性组分的分离和测定，自动进样一般采用定量阀，通过工作站设置进样量、进样间隔、进样针清洗等进样操作参数。气相色谱法的进样速度要求“快”，1 s 内完成为宜。进样速度慢，试样将以非“塞子”状进入色谱柱，导致峰形变宽、甚至不出峰，保留时间改变等。

（5）气化室的温度应等于或稍高于试样的沸点，但是不能太高，防止试样在高温下分解或发生其他副反应，气化室温度的选择取决于试样的沸点、稳定性和进样量。气化室温度一般以高于柱温 30 ~ 70℃为宜。对于热稳定性较差的试样，可用高灵敏度检测器，降低进样量，使试样在远低于沸点温度下气化。

（6）进样量的大小直接影响谱带的初始宽度。在检测器灵敏度足够的条件下，尽量减少进样量。一般柱越长，柱内径越粗，固定液配比越高，允许的进样量越多。对于填充柱，气体试样的进样量以 0.1 ~ 1 mL 为宜，液体试样进样量小于 4 μL（TCD）或小于 1 μL（FID）为宜。毛细管柱采用分流装置分流进样。

（7）在使最难分离的目标组分有较好分离度的前提下，尽量采用较低的柱温，但以保留时间适宜、色谱峰符合要求为度。当复杂试样中的各组分沸程较宽时，宜采用程序升温法。

（8）气相色谱仪的一般操作程序为：通载气→开机→实验测量→关机→关载气。

（9）净化管的维护：净化管在使用前清洗、烘干后再连接入气相色谱仪的气路系统。硅胶变色后应及时烘干更换。

（10）进样系统的维护：①微量注射器使用前要先用丙酮等溶剂洗净，使用后立即清洗处理，除去残留的化学试剂，忌用浓碱性溶液洗涤，否则会腐蚀玻璃和不锈钢零件。②气化室内的不锈钢套管中插有石英玻璃衬管，应及时清洗保持干净；进样口密封垫的作用是防止漏气，密封垫在使用多次后会失去密封作用，还可能会造成进样口管道阻塞，应经常更换。

（11）色谱柱的老化处理：色谱柱的老化能延长色谱柱的使用寿命，有助于获得好的分析结果。新购进的色谱柱、长期使用的色谱柱以及长时间不使用的色谱柱在使用前通常需要进行老化处理。色谱柱老化的方法多采用气体流动法。操作步骤为：将色谱柱的顶端与气化室相连，出口端不连接检测器，一般通 5~10 mL/min 流速的载气，以 2~4℃/min 的升温速度将色谱柱柱温升至低于固定相的最高使用温度 20~30℃，老化 12~24 h，至基线平稳。

（12）检测系统维护：①TCD 检测器在通电状态下，一定要确保载气通过检测器，否则热丝会有被烧断的危险；载气中的氧气会缩短热丝的寿命，需要彻底清除。②FID 检测器在使用中为防止检测器被污染，检测器温度设置不应低于色谱柱实际工作的最高温度。喷嘴和气路管道的清洗方法是：断开色谱柱，拔出信号收集极；用一细钢丝插入喷嘴进行疏通，并用丙酮乙醇等溶剂浸泡。

任务三

药物分析岗位基本任务实训

实训一　片剂的药物分析

一、基本知识

片剂系指原料药物与适宜的辅料制成的圆形或异形的片状固体制剂。片剂以口服普通片为主，另有含片、舌下片、口腔贴片、咀嚼片、分散片、可溶片、泡腾片、阴道片、阴道泡腾片、缓释片、控释片、肠溶片与口崩片等。中药还有浸膏片、半浸膏片和全粉片等。

按照片剂药品标准与检验工作基本程序，依此对片剂的性状、鉴别、检查、含量测定进行分析，分析结果严格按照药品标准执行，才能保证药品的质量安全有效，尤其是杂质限量与药物的含量测定，其中杂质检查是不得多于药品标准规定的项目与限度，含量不得低于药品标准，例如丙谷胺片中的标示量不得低于 95.0%。

片剂的常规检查项目有重量差异和崩解时限。除另有规定外，《中国药典》(2020 年版）规定：检查含量均匀度的片剂，一般不再进行重量差异检查；检查溶出度的片剂，一般不再进行崩解时限检查。

二、片剂的药物分析要点

（一）性 状

《中国药典》2020 年版规定：片剂外观应完整光洁，色泽均匀，有适宜的硬度和耐磨性。

（二）重量差异

1. 定 义

重量差异系指按规定方法测定每片的重量与平均片重之间的差异程度。

2. 检查意义

控制各片重量的一致性，保证用药剂量的准确。

3. 检查方法

取供试品 20 片，精密称定总重量，求得平均片重后，再分别精密称定每片的重量。

4. 结果判断

每片重量与平均片重相比较（凡无含量测定的片剂或有标示片重的中药片剂，每片重量应与标示片重比较），超出重量差异限度的不得多于 2 片，并不得有 1 片超出限度 1

倍。《中国药典》(2020 版)对生剂的重量差异限度规定见表 3-1。

表 3-1 《中国药典》(2020 版)对片剂的重量差异限度规定

平均片重或标示片重	重量差异限度
0.30 g 以下 0.30 g 及 0.30 g 以上	±7.5% ±5.0%

5. 注意事项

(1)平均片重 0.30 g 以下的片剂用精度 0.1 mg 的电子天平称量;平均片重 0.30 g 或 0.30 g 以上的片剂用精度 1 mg 的电子天平称量。

(2)称量过程中,避免用手直接接触供试品;已取出的药品,不得放回供试品原包装容器内。超出重量差异限度的药片宜另器保存。

(3)平均片重保留三位有效数字,修约至两位有效数字,选择重量差异限度。

(4)检查含量均匀度的片剂不需检查重量差异。

(三)崩解时限

1. 定义

崩解时限系指口服固体制剂在规定条件下全部崩解溶散或成碎粒全部通过筛网(不溶性包衣材料或破碎的胶囊壳除外)所需的时间限度。

2. 检查意义

片剂口服后,需经崩散、溶解,才能为机体吸收而达到治疗目的。

3. 检查仪器

升降式崩解仪。

4. 操作步骤

将吊篮通过上端的不锈钢轴悬挂于金属支架上,浸入 1 000 mL 烧杯中,并调节吊篮位置使其下降时筛网距烧杯底部 25 mm,烧杯内盛有温度为 37℃±1℃的水,调节水位高度使吊篮上升至高点时筛网在水面下 15 mm 处,升降的金属支架上下移动距离为 55 mm±2 mm,往返频率为每分钟 30 ~ 32 次。除另有规定外,取供试品 6 片,分别置上述吊篮的玻璃管中,启动崩解仪进行检查。

5. 结果判断

各片均应在规定时间内全部崩解。如有少量不能通过筛网,但已软化或轻质上漂且无硬芯者,可作符合规定论。如有 1 片不能完全崩解,应另取 6 片复试,均应符合规定。表 3-2 为《中国药典》(2020 版)对不同类型片剂崩解时限的规定。

表 3-2 《中国药典》(2020 版)对不同类型片剂崩解时限检查的规定

片剂类型	介质	时间限度
普通片	水	15 min
含片	水	10 min
舌下片	水	5 min
口崩片	水	60 s
可溶片	20℃±5℃的水	3 min
泡腾片	20℃±5℃的水	5 min
糖衣片	水	1 h
肠溶片	盐酸溶液(9→1000)及 pH6.8 磷酸盐缓冲液	应符合规定
结肠定位肠溶片	盐酸溶液(9→1000)及两种浓度的磷酸盐缓冲液	应符合规定
薄膜衣片	盐酸溶液(9→1000)	30 min

6. 注意事项

在崩解时限检查过程中,烧杯内的水温应保持在 37℃±1℃。每崩解时限检查一次后,应清洗吊篮的玻璃内壁及筛网、挡板等,并重新更换水或规定的介质。

(四)溶出度

1. 定 义

溶出度系指活性药物从片剂、胶囊剂或颗粒剂等普通制剂在规定条件下溶出的速率和程度,在缓释制剂、控释制剂、肠溶制剂及透皮贴剂等制剂中也称释放度。

2. 检查意义

固体制剂中的药物只有溶解之后,才能被机体吸收。

3. 测定方法

第一法(篮法)、第二法(桨法)、第三法(小杯法)、第四法(桨碟法)、第五法(转筒法)。

4. 检查仪器

溶出度测定仪。

5. 结果判断

符合下述条件之一者,可判为符合规定:

(1)6 片(粒、袋)中,每片(粒、袋)的溶出量按标示量计算,均不低于规定限度(Q)。

(2)6 片(粒、袋)中,如有 1~2 片(粒、袋)低于 Q,但不低于 Q–10%,且其平

均溶出量不低于 Q。

（3）6 片（粒、袋）中，有 1~2 片（粒、袋）低于 Q，其中仅有 1 片（粒、袋）低于 Q–10%，但不低于 Q–20%，且其平均溶出量不低于 Q 时，应另取 6 片（粒、袋）复试；初、复试的 12 片（粒、袋）中，有 1~3 片（粒、袋）低于 Q，其中仅有 1 片（粒、袋）低于 Q–10%，但不低于 Q–20%，且其平均溶出量不低于 Q。

6. 注意事项

溶出度计算公式：溶出度（Q）=（溶出量/标示量）×100%

（五）含量均匀度

1. 定 义

含量均匀度系指小剂量或单剂量的固体、半固体和非均相液体制剂的每片（个）含量符合标示量的程度。

2. 检查对象

除另有规定外，片剂、硬胶囊剂、颗粒剂或散剂等，每一个单剂标示量小于 25 mg 或主药含量小于每一个单剂重量 25%者；药物间或药物与辅料间采用混粉工艺制成的注射用无菌粉末；内充非均相溶液的软胶囊；单剂量包装的口服混悬液、透皮贴剂和栓剂等品种项下规定含量均匀度应符合要求的制剂，均应检查含量均匀度。

3. 检查法

除另有规定外，取供试品 10 个，照各品种项下规定的方法，分别测定每一个单剂量以标示量为 100 的相对含量 X，求其均值和标准差（S）以及标示量与均值之差的绝对值（A）。

计算公式：

$$S=\sqrt{\frac{\sum\left(X_{\mathrm{i}}-\overline{X}\right)^{2}}{n-1}}$$

$$A=\left|100-\overline{X}\right|$$

4. 检查仪器

电子天平。

5. 结果判断

如 $A+2.2S\leqslant$L，则供试品的含量均匀度符合规定；

若 $A+2.2S>$L，且 $A+S\leqslant$L，则应另取供试品 20 个复试。根据初、复试结果，计算 30 个单剂的均值 X、标准差 S 和标示量与均值之差的绝对值 A。再按下述公式计算并判定。

当 $A\leqslant0.25$L 时，若 $A^2+S^2\leqslant0.25$L^2，则供试品的含量均匀度符合规定；若 $A^2+S^2>0.25$L^2 则不符合规定。

当 A>0.25L 时，若 $A+1.7S≤L$，则供试品的含量均匀度符合规定；若 $A+1.7S>L$，则不符合规定。上述公式中 L 为规定值。除另有规定外，L=15.0。

（六）含量测定方法

药物定量分析的结果是判断药品优劣的重要依据，计算方法因分析测定方法的不同而异，原料药物和制剂含量表示方法也不同，原料药物的含量用百分含量表示，制剂的含量则用标示量的百分含量表示。制剂的含量分析常采用容量分析法、紫外-可见分光光度法和高效液相色谱法进行有关计算。表 3-3 为容量分析法测定片剂含量的计算公式；表 3-4 为紫外-可见分光光度法测定片剂含量的计算公式；表 3-5 为高效液相色谱法测定片剂含量的计算公式。

表 3-3 容量分析法测定片剂含量的计算公式

方法	计算公式
直接滴定法	$标示量\%=\dfrac{V\times T\times F\times 平均片量}{m\times 标示量}\times 100\%$
剩余滴定法	$标示量\%=\dfrac{(V_0-V)\times T\times F\times 平均片量}{m\times 标示量}\times 100\%$

式中：V 为供试品消耗滴定液的体积（mL）；

V_0 为空白试验消耗滴定液的体积（mL）；

T 为滴定度（mg/mL）；

F 为滴定液的浓度校正因子，值为滴定液实际浓度/滴定液规定浓度；

m 为供试品的取样量（g 或 mL）。

表 3-4 紫外-可见分光光度法测定片剂含量的计算公式

方法	计算公式
对照品比较法	$标示量\%=\dfrac{C_R\times\dfrac{A_X}{A_R}\times D\times V\times 平均片量}{m\times 标示量}\times 100\%$
吸收系数法	$标示量\%=\dfrac{\dfrac{A_X}{E_{1cm}^{1\%}\times 100}\times D\times V\times 平均片量}{m\times 标示量}\times 100\%$

式中：A_X 为供试品溶液的吸光度；

A_R 为对照品溶液的吸光度；

D 为供试品的稀释倍数；

C_R 为对照品溶液的浓度（g/mL）；

m 为供试品的取样量（g 或 mL）；

$E_{1cm}^{1\%}$ 为供试品的百分吸收系数。

表 3-5 高效液相色谱法测定片剂含量的计算公式

方法	计算公式
外标法	$标示量\%=\dfrac{C_R\times\dfrac{A_X}{A_R}\times D\times V\times 平均片量}{m\times 标示量}\times 100\%$
内标法	$校正因子(f)=\dfrac{A_S/C_S}{A_R/C_R}$ $标示量\%=\dfrac{f\times\dfrac{A_X}{A_S'/C_S'}\times D\times V\times 平均片量}{m\times 标示量}\times 100\%$

式中：A_X为供试品的峰面积或峰高；

A_R为对照品的峰面积或峰高；

C_R为对照品溶液的浓度（mg/mL）；

D为供试品的稀释倍数；

A_S为对照溶液中内标物质的峰面积或峰高；

C_S为对照溶液中内标物质的浓度（mg/mL）；

A_s'为供试品溶液中内标物质的峰面积或峰高；

C_s'为供试品溶液中内标物质的浓度（mg/mL）；

f为校正因子；

m为供试品的取样量（g 或 mL）。

二、实训设计

【实训目的】

（1）掌握片剂分析的实验流程与分析方法的实验。

（2）熟悉片剂分析中常见仪器的操作。

（3）掌握片剂检查的结果判定。

【实训准备】

（1）查找片剂药品标准，根据药品标准进行片剂的药物分析实验。

（2）分组（3~4 人为一组）。

【实训步骤】

1. 查找片剂国内外药品标准

针对指定药品品种，通过网络检索，查找该品种药品的国内外药品标准，并分析相关检查项目在不同药品标准中的异同。每组推荐 1 位同学发言。

2. 按照《中国药典》规定的药品标准进行药品质量分析并对结果做出判断

小组分工按照药典标准中的检查项目进行实验，并将实验结果记录在实验报告的相应位置，按照药品标准的要求对实验结果做出判断。

3. 如结果不合格，试分析原因

根据实验结果，分析可能造成该结果的原因。

4. 实训评价

教师总结学生的实训情况，并引导同学进行分析，详细说明分析结果与依据。

思考与探索

（1）在实验过程中，需要注意的地方有哪些？

（2）实验结果如果不一致，该如何处理？

实训二　颗粒剂的药物分析

一、基本知识

颗粒剂系指原料药物与适宜的辅料混合制成具有一定粒度的干燥颗粒状制剂。颗粒剂分为可溶颗粒（通称为颗粒）剂、混悬颗粒剂、泡腾颗粒剂、肠溶颗粒剂、缓释颗粒剂和控释颗粒剂等。

按照颗粒剂药品标准与检验工作基本程序，依此对颗粒剂的性状、鉴别、检查、含量测定进行分析。在性状上，颗粒剂应干燥，颗粒均匀，色泽一致，无吸潮、软化、结块、潮解等现象。除另有规定外，颗粒剂应密封，置干燥处贮存，防止受潮。颗粒剂主要的检查项目包括：有关物质、粒度、水分、溶出度、干燥失重、溶化性、装量差异、微生物限度等。

二、颗粒剂药物分析要点

（一）性 状

《中国药典》（2020 年版）规定：颗粒剂应干燥，颗粒均匀，色泽一致，无吸潮、软化、结块、潮解等现象。

（二）粒 度

1. 检查意义

确保颗粒剂粒径的均一性，不使颗粒因受潮结块，或在运输和贮藏中粉碎而影响质量。

2. 检查方法

除另有规定外，照《中国药典》（2020 年版）通则“粒度和粒度分布测定法”第二法双筛分法检查，不能通过一号筛与能通过五号筛的总和不得超过 15%。

3. 注意事项

筛分试验时需注意环境湿度，防止样品吸水或失水。对易产生静电的样品，可加入 0.5%胶质二氧化硅和（或）氧化铝等抗静电剂，以减小静电作用产生的影响。

（三）干燥失重

检查方法：照《中国药典》（2020 年版）通则“干燥失重测定法”测定，于 105℃干燥（含糖颗粒应在 80℃减压干燥）至恒重，减失重量不得超过 2.0%。

（四）溶化性

1. 可溶颗粒检查法

取供试品 10 g（中药单剂量包装取 1 袋），加热水 200 mL，搅拌 5 min，立即观察，可溶颗粒应全部溶化或轻微浑浊。

2. 泡腾颗粒检查法

取供试品 3 袋，将内容物分别转移至盛有 200 mL 水的烧杯中，水温为 15～25 ℃，应迅速产生气体而成泡腾状，5 min 内颗粒均应完全分散或溶解在水中。

（五）装量差异

检查方法：取供试品 10 袋（瓶），除去包装，分别精密称定每袋（瓶）内容物的重量，求出每袋（瓶）内容物的装量与平均装量。每袋（瓶）装量与平均装量相比较〔凡无含量测定的颗粒剂或有标示装量的颗粒剂，每袋（瓶）装量应与标示装量比较〕，超出装量差异限度的颗粒剂不得多于 2 袋（瓶），并不得有 1 袋（瓶）超出装量差异限度 1 倍。

（六）装 量

检查方法：照《中国药典》（2020 年版）通则“最低装量检查法”检查，应符合规定。

（七）水 分

检查方法：照《中国药典》（2020 年版）通则“水分测定法”测定，除另有规定外，水分不得超过 8.0%。

（八）微生物限度

检查方法：照《中国药典》（2020 年版）通则“非无菌产品微生物限度检查”，微生物计数法和控制菌检查法及非无菌药品微生物限度标准检查，应符合规定。

二、实训设计

【实训目的】

（1）掌握颗粒剂分析的实验流程与分析方法的实验。

（2）熟悉颗粒剂分析中常见仪器的操作。

（3）掌握颗粒剂检查的结果判定。

【实训准备】

（1）查找颗粒剂药品标准，根据药品标准进行颗粒剂的药物分析实验。

（2）分组（3~4 人为一组）。

【实训步骤】

1. 查找颗粒剂国内外药品标准

针对指定药品品种，通过网络检索，查找该品种药品的国内外药品标准，并分析相关检查项目在不同药品标准中的异同。每组推荐 1 位同学发言。

2. 按照《中国药典》规定的药品标准进行药品质量分析并对结果做出判断

小组分工按照药典标准中的检查项目进行实验，并将实验结果记录在实验报告的相应位置，按照药品标准的要求对实验结果做出判断。

3. 如结果不合格，试分析原因

根据实验结果，分析可能造成该结果的原因。

4. 实训评价

教师总结学生的实训情况，并引导同学进行分析，详细说明分析结果与依据。

思考与探索

（1）在实验过程中，需要注意的地方有哪些？
（2）颗粒剂装量差异实验结果如果不一致，该如何处理？

实训三　注射剂的药物分析

一、基本知识

注射剂系指原料药物或与适宜的辅料制成的供注入体内的无菌制剂。注射剂可分为注射液、注射用无菌粉末与注射用浓溶液等几类。

二、注射剂药物分析要点

（一）性 状

溶液型注射液应澄清；除另有规定外，混悬型注射液原料药物粒度应控制在 15 μm 以下，含 15 ~ 20 μm（间有个别 20 ~ 50 μm）者，不应超过 10%，若有可见沉淀，振摇时应容易分散均匀。乳状液型注射液应稳定，不得有相分离现象。静脉用乳状液型注射液中 90%的乳滴的粒度应在 1 μm 以下，不得有大于 5 μm 的乳滴。

（二）装 量

1. 检查意义

保证单剂量注射液的注射用量不少于标示量，以达到临床用药剂量的要求。

2. 检查方法

标示装量为不大于 2 mL 者，取 5 支（瓶），2 mL 以上至 50 mL 者取供试品 3 支（瓶）。开启时注意避免损失，将内容物分别用相应体积的干燥注射器及注射针头抽尽，然后缓慢连续地注入经标化的量入式量具内，在室温下检视。每支（瓶）的装量均不得少于其标示量。

（三）装量差异

1. 检查意义

保证药物含量的均匀性，保证临床用药剂量的准确。

2. 检查方法

取供试品 5 瓶（支），除去标签、铝盖，容器外壁用乙醇擦净，干燥，开启时注意避免玻璃屑等异物落入容器中，分别迅速精密称定；容器为玻璃瓶的注射用无菌粉末，首先小心开启内塞，使容器内外气压平衡，盖紧后精密称定。

倾出内容物，容器用水或乙醇洗净，在适宜条件干燥后，再分别精密称定每一容器的重量，求出每瓶（支）的装量与平均装量。每瓶（支）装量与平均装量相比较（如有标示装量，则与标示装量相比较），应符合规定。如有 1 瓶（支）不符合规定，应另取 10 瓶（支）复试，均应符合规定。表 3-6 为《中国药典》（2020 版）规定的注射用无菌粉末装量差异限度。

表 3-6　注射用无菌粉末装量差异限度

平均装量	装量差异限度
0.05 g 及 0.05 g 以下	±15%
0.05 g 以上至 0.15 g	±10%
0.15 g 以上至 0.50 g	±7%
0.50 g 以上	±5%

（四）可见异物

1. 定　义

可见异物系指存在于注射剂、眼用液体制剂和无菌原料药中，在规定条件下目视可以观测到的不溶性物质，其粒径或长度通常大于 50 μm。

2. 检查意义

注射液中若有不溶性微粒，使用后可能引起静脉炎、过敏反应，较大的微粒甚至可以堵塞毛细血管。

3. 检查方法

有灯检法和光散射法。一般常用灯检法，也可采用光散射法检查。

4. 检查仪器

灯检法采用仪器为澄明度检测仪。

5. 操作步骤

取供试品 20 支（瓶），除去容器标签，擦净容器外壁，将供试品置遮光板边缘处，在明视距离（指供试品至人眼的清晰观测距离，通常为 25 cm），手持容器颈部，轻轻旋转和翻转容器（但应避免产生气泡），使药液中可能存在的可见异物悬浮，分别在黑色和白色背景下目视检查，重复观察，总检查时限为 20 s。供试品装量每支（瓶）在 10 mL 及 10 mL 以下的，每次检查可手持 2 支（瓶）。50 mL 或 50 mL 以上大容量注射液按直、横、倒三步法旋转检视。供试品溶液中有大量气泡产生影响观察时，需静置足够时间至气泡消失后检查。

6. 结果判断

《中国药典》（2020 年版）规定，供试品中不得检出金属屑、玻璃屑、长度超过 2 mm 的纤维、最大粒径超过 2 mm 的块状物以及静置一定时间后轻轻旋转时肉眼可见的烟雾状微粒沉积物、无法计数的微粒群或摇不散的沉淀，以及在规定时间内较难计数的蛋白质絮状物等明显可见异物。

如检出点状物、2 mm 以下的短纤维和块状物等微细可见异物，除另有规定外，溶液型静脉用注射液初试如检出可见异物的供试品超过 2 支（瓶），不符合规定；如 1 支（瓶）检出，应另取 20 支（瓶）同法检查，初、复试 40 支（瓶）超过 1 支（瓶）检出，不符合规定。

7. 注意事项

（1）灯检法应在避光室内或在暗处进行。

（2）检查人员远距离和近距离视力测验，均应为 4.9 或 4.9 以上（矫正后视力应为 5.0 或 5.0 以上）；应无色盲。

（3）供试品至人眼的距离，通常为 25 cm。

（4）灯检法检查分别在黑色和白色背景下目视检查，重复观察，总检查时限为 20 s。

（5）50 mL 或 50 mL 以上大容量注射液按直、横、倒三步法旋转检视。

（五）不溶性微粒

1. 定 义

不溶性微粒的检查是指在可见异物检查符合规定后，检查静脉用注射液（溶液型注射液、注射用无菌粉末、注射用浓溶液）及供静脉注射用无菌原料药物中不溶性微粒的大小和数量。

2. 检查方法

检查方法通常采用光阻法和显微计数法。除另有规定外，一般先采用光阻法，当光阻法测定结果不符合规定或供试品不适于用光阻法测定时，应采用显微计数法进行测定，并以显微计数法的测定结果作为判断依据。

3. 判断标准

光阻法为每 1 mL 中含 10 μm 及 10 μm 以上的微粒不得过 25 粒，含 25 μm 及 25 μm 以上的微粒不得超过 3 粒，而显微计数法分别为 12 粒、2 粒。标示量为 100 mL 以下的静脉注射液，除另有规定外，光阻法为每个供试品容器中含有 10 μm 及 10 μm 以上的微粒不得过 6 000 粒，含 25 μm 及 25 μm 以上的微粒不得超过 600 粒，而显微计数法分别为 3 000 粒、300 粒。

（六）渗透压摩尔浓度

测定方法通常采用渗透压摩尔浓度测定法。

（七）重金属及有害元素残留量

测定方法按照《中国药典》（2020 年版）通则“铅、镉、砷、汞、铜测定法”测定。

（八）无菌、细菌内毒素或热原

检查方法分别按照《中国药典》（2020 年版）通则“无菌检查法”“细菌内毒素检查法”“热原检查法”检查。

二、实训设计

【实训目的】

（1）掌握注射剂分析的实验流程与分析方法的实验。
（2）熟悉注射剂分析中常见仪器的操作。
（3）掌握注射剂检查的结果判定。

【实训准备】

（1）查找注射剂药品标准，根据药品标准进行注射剂的药物分析实验。
（2）分组（3~4 人为一组）。

【实训步骤】

1. 查找注射剂国内外药品标准

针对指定药品品种，通过网络检索，查找该品种药品的国内外药品标准，并分析相关检查项目在不同药品标准中的异同。每组推荐 1 位同学发言。

2. 按照《中国药典》规定的药品标准进行药品质量分析并对结果做出判断

小组分工按照药典标准中的检查项目进行实验，并将实验结果记录在实验报告的相应位置，按照药品标准的要求对实验结果做出判断。

3. 如结果不合格，试分析原因

根据实验结果，分析可能造成该结果的原因。

4. 实训评价

教师总结学生的实训情况，并引导同学进行分析，详细说明分析结果与依据。

思考与探索

（1）在实验过程中，需要注意的地方有哪些？
（2）影响不溶性微粒检测的因素有哪些？

实训四　胶囊剂的药物分析

一、基本知识

胶囊剂系指原料药物或与适宜辅料充填于空心胶囊或密封于软质囊材中制成的固体制剂。

二、胶囊剂的药物分析

（一）性 状

《中国药典》（2020 年版）规定：胶囊剂应整洁，不得有黏结、变形、渗漏或囊壳破裂现象，并应无异臭。

（二）装量差异

1. 检查意义

控制各粒装量的一致性，保证用药剂量的准确。

2. 检查方法

除另有规定外，取供试品 20 粒（中药取 10 粒），分别精密称定重量，倾出内容物（不得损失囊壳），硬胶囊的囊壳用小刷或其他适宜的用具拭净；软胶囊或内容物为半固体或液体的硬胶囊囊壳用乙醚等易挥发性溶剂洗净，置通风处使溶剂挥尽，再分别精密称定囊壳重量，求出每粒内容物的装量与平均装量。表 3-7 为《中国药典》（2020 年版）规定的胶囊剂装量差异限度。

3. 结果判断

每粒装量与平均装量相比较（有标示装量的胶囊剂，每粒装量应与标示装量比较），超出装量差异限度的不得多于 2 粒，并不得有 1 粒超出限度 1 倍。

表 3-7 胶囊剂装量差异限度

平均装量	装量差异限度
0.30 g 以下	±10%
0.30 g 或 0.30 g 以上	±7.5%（中药±10%）

（三）崩解时限

1. 检查意义

胶囊剂的崩解是药物溶出及被人体吸收的前提，而囊壳常因囊材的质量、久贮或与药物接触等原因，影响溶胀或崩解。

2. 检查方法

胶囊剂的崩解时限按片剂的崩解时限法检查，如果胶囊漂浮于液面，应加挡板，硬胶囊应在 30 min 内全部崩解；软胶囊应在 1 h 内全部崩解。如有 1 粒不能全部崩解，应另取 6 粒，按规定方法复试，均应符合规定。

（四）微生物限度

1. 检查意义

药品中所含致病菌是造成药源性感染疾病的直接原因；药品染菌还可使其发生霉变、酸败等理化性质改变而造成药品失效、变质，甚至产生毒素，危害使用者的健康；微生物限度检查的各项数据，是对药品生产工艺、生产环境、质量管理及人员素质的综合评价依据之一。

2. 检查方法

照《中国药典》（2020 年版）通则“非无菌产品微生物限度检查”：微生物计数法和控制菌检查及非无菌药品微生物限度标准检查，应符合规定。

二、实训设计

【实训目的】

（1）掌握胶囊剂分析的实验流程与分析方法的实验。

（2）熟悉胶囊剂分析中常见仪器的操作。

（3）掌握胶囊剂检查的结果判定。

【实训准备】

（1）查找胶囊剂药品标准，根据药品标准进行胶囊剂的药物分析实验。

（2）分组（3~4 人为一组）。

【实训步骤】

1. 查找胶囊剂国内外药品标准

针对指定药品品种，通过网络检索，查找该品种药品的国内外药品标准，并分析相关检查项目在不同药品标准中的异同。每组推荐 1 位同学发言。

2. 按照《中国药典》规定的药品标准进行药品质量分析并对结果做出判断

小组分工按照药典标准中的检查项目进行实验，并将实验结果记录在实验报告的相应位置，按照药品标准的要求对实验结果做出判断。

3. 如结果不合格，试分析原因

根据实验结果，分析可能造成该结果的原因。

4. 实训评价

教师总结学生的实训情况，并引导同学进行分析，详细说明分析结果与依据。

思考与探索

（1）在实验过程中，需要注意的地方有哪些？

（2）影响胶囊剂崩解时限的因素有哪些？

实训五　栓剂的药物分析

一、基本知识

栓剂系指原料药物与适宜基质制成供腔道给药的固体制剂。栓剂因施用腔道的不同，分为直肠栓、阴道栓和尿道栓等。

二、栓剂的药物分析

1.性　状

栓剂中的原料药物与基质应混合均匀，其外形应完整光滑，放入腔道后应无刺激性，应能融化、软化或溶化，并与分泌液混合，逐渐释放出药物，产生局部或全身作用；应有适宜的硬度，以免在包装或贮藏时变形。

2.重量差异

检查方法：取供试品 10 粒，精密称定总重量，求得平均粒重后，再分别精密称定每粒的重量。每粒重量与平均粒重相比较（有标示粒重的中药栓剂，每粒重量应与标示粒重比较），超出重量差异限度的不得多于 1 粒，并不得超出限度 1 倍。表 3-8 为《中国药典》（2020 年版）规定的栓剂的重量差异限度。

表 3-8　栓剂的重量差异限度

平均粒重或标示粒重	重量差异限度
1.0 g 及 1.0 g 以下	±10%
1.0 g 以上至 3.0 g	±7.5%
3. 0 g 以上	±5%

（三）融变时限

1. 检查意义

测定栓剂融变时限可保证在适宜体温、适宜腔道环境以及最佳有效治疗时间下，达到最大有效药物浓度；并能保证栓剂所含药物的生物利用度，减少药物损失。从而控制栓剂质量，保证疗效。

2. 检查方法

融变时限检查采用仪器装置见《中国药典》（2020 年版）（通则 0922）。取供试品 3 粒，在室温放置 1 h 后，分别放在 3 个金属架的下层圆板上，装入各自的套筒内，并用挂钩固定。除另有规定外，将上述装置分别垂直浸入盛有不少于 4 L 的 37.0℃±0.5℃水的容器中，其上端位置应在水面下 90 mm 处。容器中装一转动器，每隔 10 min 在溶液中翻转该装置一次。

3. 结果判断

除另有规定外，脂肪性基质的栓剂 3 粒均应在 30 min 内全部融化、软化或触压时无硬心；水溶性基质的栓剂 3 粒均应在 60 min 内全部溶解。如有 1 粒不符合规定，应另取 3 粒复试，均应符合规定。

4. 微生物限度

检查方法照《中国药典》（2020 年版）通则“非无菌产品微生物限度检查”：微生物计数法和控制菌检查法及非无菌药品微生物限度标准检查。

二、实训设计

【实训目的】

（1）掌握栓剂分析的实验流程与分析方法的实验。

（2）熟悉栓剂分析中常见仪器的操作。

（3）掌握栓剂检查的结果判定。

【实训准备】

（1）查找栓剂药品标准，根据药品标准进行栓剂的药物分析实验。

（2）分组（3~4 人为一组）。

【实训步骤】

1. 查找栓剂国内外药品标准

方法：针对指定药品品种，通过网络检索，查找该品种药品的国内外药品标准，并分析相关检查项目在不同药品标准中的异同。每组推荐 1 位同学发言。

2. 按照《中国药典》规定的药品标准进行药品质量分析并对结果做出判断

小组分工按照药典标准中的检查项目进行实验，并将实验结果记录在实验报告的相应位置，按照药品标准的要求对实验结果做出判断。

3. 如结果不合格，试分析原因

根据实验结果，分析可能造成该结果的原因。

4. 实训评价

教师总结学生的实训情况，并引导同学进行分析，详细说明分析结果与依据。

思考与探索

（1）在实验过程中，需要注意的地方有哪些？

（2）栓剂融变时限影响因素有哪些？

扫码观看项目三的操作视频

4

项目四
药理学实训

任务一

药理学基本知识

药理学是研究药物与机体（含病原体）之间相互作用及作用规律的一门科学，它是连接药学和医学、基础医学和临床医学的桥梁学科。药理学研究内容主要包括两个方面：①药物效应动力学，简称药效学，它是研究药物对机体的作用，即药物的作用、作用机制临床用途及不良反应等；②药物代谢动力学，简称药动学，它是研究机体对药物的影响，即药物在体内的吸收、分布、代谢、排泄等动态过程，以及血药浓度随时间而变化的规律。药理学的任务在于阐明药物的作用机制、药物与机体相互作用的基本规律和原理，为指导临床合理用药提供理论基础，为开发研制高效安全的新药提供线索，为探索生命的本质提供重要的科学资料。

药理学分为基础药理学和临床药理学。前者以动物为研究对象，从整体器官、组织、细胞和分子水平，观察和探讨药物的作用和作用机制，进行药效和药物安全性评价；后者是以临床患者为研究对象，研究药物与机体之间的作用规律，以保证患者用药的安全有效。

药理学的诞生和发展与其他科学技术的发展密切相关，其研究方法和手段不断更新、发展，目前已形成了许多分支学科如时间药理学、遗传药理学、细胞药理学、分子药理学等。药理学的学习，应该注意三个不同层次，即掌握、理解和了解。应该掌握药理学的基本概念、基本理论和基本内容；掌握药物的分类和各类代表药的作用、用途、不良反应及其防治；理解各类常用药物的药理作用特点、主要临床应用；了解各类相关药物的作用特点。

药理学是一门综合性的学科，药理学的基本理论与生理学、微生物学、生物化学、病理学等医学基础学科有着密切的联系。药理学与主要研究药物本身的生药学、药物化学、药剂学等紧密相关；也与生理学、生物化学、病理学、免疫学等医学基础理论有广泛的联系；还与内科学、外科学等临床医学密切相关。因此，学习中应当注意掌握具有代表性的药物，在全面掌握代表药的基础上，熟悉或了解同类药物或相关药物的药理作用特点，比较与代表药的主要异同。在掌握传统经典药物的同时也要注意知识更新，了解和吸取药物的新进展、新概念和新知识。

任务二
药理实验动物的基本操作

一、小白鼠的捉拿方法和给药方法

（一）捉拿方法

用右手捉住小白鼠尾巴将尾提起，放置于鼠笼上或其他易攀抓处，轻轻向后牵拉鼠尾，趁其不备，用左手拇指和食指捏住其两耳间皮肤，使腹部向上，屈曲左手中指使鼠尾靠在上面，然后以无名指及小指压住鼠尾，使小鼠完全固定。

（二）给药方法

1. 灌　胃

将小白鼠固定后，使其口部向上，将颈部拉直，右手持灌胃器自口角插入口腔，沿上颚轻轻进入食管，如动物安静、呼吸无异常、口唇无发绀现象，即可注入药液。灌胃量一般为 0.1~0.25 mL/10g。

2. 腹腔注射

将小白鼠固定后，右手持注射器自下腹部一侧向头部方向以 45° 刺入腹腔。针头刺入不宜太深或太接近上腹部，以免刺伤内脏。注射量一般为 0.1~0.2 mL/10g。

3. 皮下注射

将小白鼠固定后，右手持注射器，将针头刺入背部皮下注入药液。注射量一般不超过 0.25 mL。

4. 肌内注射

一人固定小鼠后，另一人持注射器，将针头刺入后肢外侧肌肉内注入药液。注射量一般不超过 0.1 mL。

5. 静脉注射

先将小白鼠固定于固定器内，将尾巴露在外面，以右手食指轻轻弹尾尖部，必要时用 45~50℃的温水浸泡或用 75%乙醇擦尾部，使全部血管扩张充血、表皮角质软化，以拇指与食指捏住尾部两侧，使尾静脉充盈明显，以无名指和小指夹持尾尖部，中指从下托起尾巴固定之。一般选择尾两侧静脉，用 4 号针头，令针头与尾部呈 30° 刺入静脉，推动药液应感觉无阻力，且可见沿静脉血管出现一条白线，说明针头在血管内，可注药。通常一次注射量为 0.05~0.1 mL/10g。

二、家兔的捉拿方法和给药方法

（一）捉拿方法

用左手抓住颈背部皮肤将兔提起，以右手托住其臀部，使兔呈坐位姿势。

（二）给药方法

1. 灌 胃

由两人合作，一人固定兔身（或用固定器将兔固定），另外一人用兔开口器将兔口张开，并将兔舌压在开口器下边横放于兔口中。取适当的导尿管涂以液状石蜡，从开口器中央孔插入，沿上颚后壁缓缓送入食管，约 15 cm 即可进入胃内。注意导尿管切勿插入气管，可将导尿管的外端放入水中，如未见气泡出现，也未见兔挣扎或呼吸困难，则证明导尿管已在胃中。此时，可连接已吸好药液的注射器，将药液缓缓推入，再推入少量空气，使管内药液全部进入胃中，然后将导尿管轻轻抽出。灌胃量一般不超过 20 mL/kg。

2. 耳静脉注射

将兔置于固定器内或另一人将兔固定于自己的胸壁之间，拔去兔耳外缘的毛，并用75%乙醇棉球涂擦该部位皮肤，使血管扩张（兔耳外缘血管为静脉），再以手指压住耳根部的静脉，阻止血液回流并使其充血。注射者以左手拇指和中指固定兔耳，食指放在耳缘下作垫，右手持注射器从静脉末端刺入血管，当针头进入血管约 0.5 cm，即以拇指和中指将针头与兔耳固定住，同时解除静脉根部的压力。右手推动针栓开始注射，如无阻力感，并见血管立即变白，表明针头在血管内；如有阻力感并见局部组织发白，则表示针头未刺入血管内，应将针头退回重刺。注射完毕，压住针眼拔出针头，继续压迫片刻以免出血。注射量一般为 0.2 ~ 2 mL/kg。

3. 肌内注射

固定动物，左手持注射器，令其与肌肉呈 60° 刺入肌肉中，先回抽针栓，无回血时将药液注入，注射后按摩注射部位，帮助药液吸收。

4. 皮下注射

由两人合作进行。一人将家兔固定在实验台上，一人左手将家兔背部或后肢皮肤提起，右手持注射器，将针头刺入皮下注入药液。药液注射量一般为 0.5 mL/kg。

5. 腹腔注射

由两人合作进行。一人将家兔仰卧固定在实验台上，另一人左手提起家兔腹部皮肤，右手持注射器，与腹壁呈 45°，自下腹部一侧向头端刺入腹腔。为防止损伤内脏，进针时角度不宜太小，部位不能太高，刺入不能太深。药液注射量通常为 5.0 mL/kg。

任务三

药理学岗位基本任务实训

实训一 不同给药剂量对药物作用的影响

一、基本知识

咖啡因是咖啡豆和茶叶中的主要生物碱，属甲基黄嘌呤类，具有兴奋中枢等作用，临床常用制剂为苯甲酸钠咖啡因（安钠咖）注射液。

【药理作用】

1. 对中枢神经系统作用

咖啡因兴奋中枢神经系统的范围与剂量有关。小剂量（50 ~ 200 mg）即能兴奋大脑皮质，使人精神振奋、思维敏捷、疲劳减轻、睡意消失、工作效率提高；较大剂量（250 ~ 500 mg）可直接兴奋延髓呼吸中枢和血管运动中枢，使呼吸加深加快、血压升高，在中枢处于抑制时更为明显；过量中毒则可引起中枢神经系统广泛兴奋，甚至惊厥。临床上咖啡因制剂用于严重传染病及中枢抑制药中毒引起的昏睡、呼吸循环衰竭等。

2. 对心血管系统作用

大剂量咖啡因可直接兴奋心脏、扩张血管，但可被兴奋迷走中枢和血管运动中枢的作用所掩盖，无治疗意义。咖啡因对脑血管有收缩作用，可减弱脑血管搏动，因而可与解热镇痛药配伍治疗一般性头痛，与麦角胺配伍治疗偏头痛。

3. 其他作用

咖啡因还具有较弱的舒张胆管和支气管平滑肌、刺激胃酸和胃蛋白酶分泌及利尿等作用。

【不良反应】

较大剂量咖啡因可致激动、不安、失眠、心悸、头痛、恶心、呕吐等症状；中毒时可致惊厥；口服对胃有刺激性，大剂量可诱发消化性溃疡；久用可产生精神依赖性。

婴幼儿高热时易诱发惊厥，故不宜选用含咖啡因的复方解热镇痛药。

二、实训设计

【实训目的】

观察咖啡因不同剂量对药物作用的影响。

【实训材料】

1. 实验用具

小鼠笼 3 个、托盘天平 1 台、1 mL 注射器 3 支、酒精棉球若干。

2. 实验药品

0.2%苯甲酸钠咖啡因注射液、2%苯甲酸钠咖啡因注射液、生理盐水。

3. 实验动物

小白鼠 3 只。

【实训步骤】

（1）取小白鼠 3 只，称重，编号，分别放入不同的小鼠笼中，观察小白鼠的正常活动。

（2）给予不同药物：1 号小白鼠腹腔注射 0.2%安钠咖注射液 0.2 mL/10g；2 号小白鼠腹腔注射 2%安钠咖注射液 0.2 mL/l0g，3 号小白鼠腹腔注射生理盐水注射液 0.2 mL/10g。

（3）观察小白鼠有无兴奋、竖尾、惊厥，甚至死亡等现象，记录发生的时间，并比较不同的小白鼠状态有何不同。

【实训结果】

观察结果，并填写实验记录表（表 4-1）。

表 4-1　咖啡因不同给药剂量对药物作用的影响

编号	体重	给药前状态	药物及剂量	用药后反应及发生时间
1				
2				
3				

【注意事项】

（1）抓取动物时应全程佩戴手套，防止被动物咬伤。

（2）实验操作务必规范，防止动物意外死亡或逃脱。

（3）使用注射器时应规范操作，防止被针头扎伤。

（4）实验药物要避免与皮肤接触，防止出现人体损伤。

（5）记录实验数据时应尽量精确，保证数据的真实性。

（6）实验完成后要清洁操作台，分类回收实验废物，并用肥皂清洁双手。

实训二 不同给药速度对药物作用的影响

一、基本知识

氯化钙属于无机盐类，为常见的钙补充剂，兼有抗过敏等作用，临床常用制剂为氯化钙注射液。

【药理作用】

1. 维持神经肌肉兴奋性

Ca^{2+}可以维持神经肌肉的正常兴奋性，促进神经末梢分泌乙酰胆碱，血清钙降低时可出现神经肌肉兴奋性升高，发生抽搐，血钙过高则兴奋性降低，出现疲劳乏力等。

2. 抗过敏作用

Ca^{2+}能改善细胞膜的通透性，增加毛细血管的致密性，使组织液渗出减少，增强机体对外界一些特异性过敏物质的抵抗能力，减少皮肤瘙痒症的发生。

3. 增强骨质作用

Ca^{2+}能促进骨骼与牙齿的钙化形成。人体总钙量的 99%存在于骨质和牙齿中，Ca^{2+}可以预防青少年佝偻病和老年人骨质疏松病。

4. 解毒作用

高浓度 Ca^{2+}与 Mg^{2+}间存在竞争性拮抗作用，可用于镁中毒的解救；Ca^{2+}可与氟化物生成不溶性氟化钙，用于氟中毒的解救。

【不良反应】

给药速度过快可导致高钙血症，引起口渴、厌食、恶心、呕吐、多尿、便秘，呼吸加快、心率加快、身体乏力，肌肉疲劳，肌张力减低，甚至嗜睡、神志不清、昏迷等。

二、实训设计

【实训目的】

观察相同剂量的氯化钙使用不同速度静脉注射所产生的不同结果。

【实训材料】

1. 实验用具

兔固定架 2 个、电子天平 1 台、10 mL 注射器 2 支、酒精棉球若干。

2. 实验药品

5%氯化钙注射液、生理盐水。

3. 实验动物

家兔 2 只。

【实训步骤】

（1）取家兔 2 只，分别称重，编号，观察正常呼吸、心跳和活动情况并记录。

（2）不同速度给药：分别将家兔固定在兔固定架上，露出头部及两耳；1 号家兔耳缘静脉注射 5%氯化钙注射液 5 mL/kg，30 s 钟内完成注射；2 号家兔耳缘静脉注射 5%氯化钙注射液 5 mL/kg，5 min 内完成注射。

（3）分别观察 2 只家兔的呼吸、心跳次数，并比较 2 只家兔的状态有何不同。

【实训结果】

观察结果，并填写实验记录表（表 4-2）。

表 4-2　氯化钙相同剂量、不同给药速度对药物作用的影响

编号	体重	给药前状态	药物及剂量	给药速度	给药后状态
1					
2					

【注意事项】

（1）抓取动物时应全程佩戴手套，防止被动物咬伤。

（2）实验操作务必规范，防止动物意外死亡或逃脱。

（3）使用注射器时应规范操作，防止被针头扎伤。

（4）实验药物要避免与皮肤接触，防止出现人体损伤。

（5）记录实验数据时应尽量精确，保证数据的真实性。

（6）实验完成后要清洁操作台，分类回收实验废物，并用肥皂清洁双手。

实训三 不同给药途径对药物作用的影响

一、基本知识

硫酸镁属于无机盐类，具有抗惊厥、导泻等作用，临床常用制剂为硫酸镁注射液、硫酸镁散剂。

【药理作用】

1. 局部作用

（1）导泻作用。

经口服后，Mg^{2+}和 SO_4^{2-}不被肠道吸收，在肠腔内形成高渗透压而阻止肠内水分吸收，使肠内容积扩大，刺激肠壁，反射性地引起肠蠕动加强，从而产生导泻作用。硫酸镁的导泻作用强大而迅速，若空腹服药并大量饮水，会加快导泻速度，在 1～4 h 内排出流体样粪便。主要用于急性便秘、排除肠内毒物、配合驱虫药导出肠内寄生虫体、外科手术前和结肠镜检查前的肠道清洁。

（2）利胆作用。

口服高浓度硫酸镁溶液（33%）或用导管将其直接导入十二指肠，能刺激局部肠黏膜，使胆囊收缩素释放增多，反射性引起胆总管括约肌松弛、胆囊强烈收缩，促进胆汁排出，发挥利胆作用。可用于慢性胆囊炎、阻塞性黄疸和胆石症。

2. 全身作用

（1）抗惊厥作用。

注射硫酸镁后，血中 Mg^{2+}浓度升高，可抑制中枢和竞争性拮抗 Ca^{2+}，参与神经肌肉接头处乙酰胆碱的释放而使骨骼肌松弛，产生抗惊厥作用。临床多用于妊娠高血压综合征和破伤风所引起的惊厥。

（2）降血压作用。

注射给药后，Mg^{2+}可竞争性拮抗 Ca^{2+}，抑制心脏和松弛血管平滑肌，降低外周阻力，发挥降血压作用，降压迅速。用于高血压危象、高血压脑病和妊娠高血压综合征。

【不良反应】

（1）静脉注射过快或过量，血中 Mg^{2+}过高易引起中毒，表现为血压急剧下降、肌腱反射消失、呼吸抑制，甚至心脏骤停而死亡。如果发生，要立即静脉注射钙剂抢救，同时进行人工呼吸。

（2）由于导泻作用剧烈，容易刺激肠壁引起盆腔充血，孕妇、月经期女性、急腹症患者禁用。

（3）硫酸镁少量吸收后，可抑制中枢，故中枢抑制药中毒时不宜选用其导泻，应选用硫酸钠导泻，防止加重中毒。硫酸镁主要经肾排泄，肾功能不全者禁用或慎用。

二、实训设计

【实训目的】

观察硫酸镁的不同给药途径所产生的不同结果。

【实训材料】

1. 实验用具

小鼠笼 2 个、电子天平 1 台、小白鼠灌胃器 1 个、1 mL 注射器 2 支、酒精棉球若干。

2. 实验药品

10%硫酸镁注射液。

3. 实验动物

小白鼠 2 只。

【实训步骤】

（1）取小白鼠 2 只，分别称重，编号，分别放入不同的小鼠笼中，观察小白鼠的正常活动。

（2）不同途径给药：1 号小白鼠灌胃口服 10%硫酸镁注射液 0.2 mL/10g；2 号小白鼠肌内注射 10%硫酸镁注射液 0.2 mL/10g。

（3）观察小白鼠有无多尿、腹泻、活动次数减少、精神不振等现象，记录发生的时间，并比较不同的小白鼠状态有何不同。

【实训结果】

观察结果，并填写实验记录表（表 4-3）。

表 4-3　硫酸镁不同给药途径所产生不同作用

编号	体重	给药前状态	药物及剂量	给药途径	给药后状态
1					
2					

【注意事项】

（1）抓取动物时应全程佩戴手套，防止被动物咬伤。

（2）实验操作务必规范，防止动物意外死亡或逃脱。

（3）使用注射器时应规范操作，防止被针头扎伤。

（4）实验药物要避免与皮肤接触，防止出现人体损伤。

（5）记录实验数据时应尽量精确，保证数据的真实性。

（6）实验完成后要清洁操作台，分类回收实验废物，并用肥皂清洁双手。

实训四　常见镇静药物的镇静作用实验

一、基本知识

地西泮属于长效苯二氮䓬类药物，能够增强脑中主要的抑制性神经递质γ-氨基丁酸（GABA）的效能，临床常用制剂为地西泮注射液、地西泮片。

【药理作用】

1. 抗焦虑作用

地西泮小于镇静剂量时即具有良好的抗焦虑作用，作用迅速，能显著改善患者的恐惧、紧张、忧虑、不安、激动和烦躁等焦虑症状。对各种原因引起的焦虑均有显著疗效，临床广泛用于治疗焦虑症及各种原因引起的焦虑状态。一般于用药 1 周后见效，4 ~ 6 周疗效显著。

2. 镇静、催眠作用

地西泮随着剂量增大，出现镇静、催眠作用，可明显缩短入睡潜伏期、显著延长睡眠持续时间、减少觉醒次数，临床作为治疗失眠的首选药广泛应用。较大剂量可致暂时性记忆缺失，可用于麻醉前给药，其镇静作用可减轻患者对手术的恐惧情绪，并减少麻醉药用量，增强麻醉药的安全性，使患者对术中的不良刺激在术后不复记忆。临床也常用于心脏电击复律或内镜检查前用药，多用地西泮静脉注射。

3. 抗惊厥、抗癫痫作用

地西泮静脉注射是目前治疗癫痫持续状态的首选药，通过抑制病灶的放电向周围皮质及皮质下扩散终止或减轻发作。临床常用于破伤风、子痫、小儿高热以及药物中毒所致的惊厥。

4. 中枢性肌肉松弛作用

地西泮具有较强的中枢性肌肉松弛作用，可缓解动物的去大脑僵直，也可减轻大脑损伤患者所致的肌肉僵直。肌松作用是由于药物能抑制脊髓多突触反射，抑制中间神经元的传递。临床用于治疗大脑麻痹、脑血管意外、脊髓损伤等引起的中枢性肌肉僵直和关节局部病变、腰肌劳损等所引起的肌肉痉挛。

【不良反应】

1. 中枢神经系统反应

治疗量连续应用可出现头晕、嗜睡、乏力和记忆力下降。大剂量可致头痛、共济失调、意识障碍，严重时可引起昏迷、呼吸抑制。因可影响技巧动作和驾驶安全，患者用药期间不宜从事高空作业、驾驶车辆、机械操作等，以免发生事故。

2. 耐受性和依赖性

虽无明显的肝药酶诱导作用，但长期应用仍可产生一定的耐受性，一般在连续用药

4 周即可产生，需增加剂量。久用可产生依赖性，一般在连续用药 4 ~ 12 个月即可产生，停药时可出现戒断症状，多在停药后 2 ~ 3 天发生，如失眠、焦虑、兴奋、心动过速、呕吐、出汗及震颤等，甚至惊厥。应从小剂量开始，尽可能应用能控制症状的最低剂量；避免长期用药，宜短期、间断或交替用药，连续用药不超过 3 ~ 4 周、每周用药 2 ~ 4 次、使用不超过 2 周；停药时应逐渐减少剂量，避免出现戒断症状。

3. 急性中毒

口服过量或静脉注射速度过快可致急性中毒，表现为昏迷、呼吸及循环抑制，甚至导致呼吸和心跳停止，故静脉注射速度宜缓慢。注射后应监测患者的脉搏、血压、呼吸。除采用洗胃和对症治疗措施外，还应采用特效拮抗药氟马西尼解救，该药是选择性中枢苯二氮䓬受体拮抗药，能有效地改善急性中毒所致的呼吸和循环功能的抑制，主要用于苯二氮䓬类药物过量中毒的诊断和解救及逆转其中枢抑制作用。

二、实训设计

【实训目的】

观察地西泮的抗惊厥作用，联系临床应用。

【实训材料】

1. 实验用具

兔固定架、电子天平 1 台、5 mL 注射器 3 支，酒精棉球若干。

2. 实验药品

0.5%地西泮注射液、25%尼可刹米注射液、生理盐水。

3. 实验动物

家兔 2 只。

【实训步骤】

（1）取家兔 2 只，分别称重，编号，观察家兔的正常状态。

（2）制造惊厥模型：将家兔固定在兔固定架上，露出头部及两耳；2 只家兔分别耳缘静脉注射 25%的尼可刹米注射液 0.5 mL/kg，等待家兔进入惊厥状态（躁动、角弓反张等）。

（3）不同药物干预：1 号家兔耳缘静脉注射 0.5%地西泮注射液 25 mL/kg，2 号家兔耳缘静脉注射生理盐水 25 mL/kg。

（4）观察家兔的惊厥解除情况，并比较 2 只家兔的状态有何不同。

【实训结果】

观察结果，并填写实验记录表（表 4-4）。

表 4-4　地西泮注射液对抗中毒性惊厥作用

编号	体重	给药前状态	尼可刹米用量	干预药物用量	给药后状态
1					
2					

【注意事项】

（1）抓取动物时应全程佩戴手套，防止被动物咬伤。
（2）实验操作务必规范，防止动物意外死亡或逃脱。
（3）使用注射器时应规范操作，防止被针头扎伤。
（4）实验药物要避免与皮肤接触，防止出现人体损伤。
（5）记录实验数据时应尽量精确，保证数据的真实性。
（6）实验完成后要清洁操作台，分类回收实验废物，并用肥皂清洁双手。

实训五 常见镇痛药物的镇痛作用实验

一、基本知识

哌替啶属于苯基哌啶衍生物，是人工合成的阿片受体激动剂，具有镇痛、镇静等作用，临床常用制剂为盐酸哌替啶注射液、盐酸哌替啶片。

【药理作用】

1. 对中枢神经系统作用

哌替啶具有较吗啡弱的镇痛、镇静作用及欣快感；镇痛作用为吗啡的 1/10，且作用维持时间较吗啡短，仅 2～4 h；等效镇痛剂量时抑制呼吸及催吐作用与吗啡相似；无明显镇咳、缩瞳作用。

2. 对心血管系统作用

哌替啶能促进组胺释放，扩张外周血管，引起直立性低血压；也可以降低中枢交感张力，使脑血管扩张，抑制呼吸使体内 CO_2 蓄积，致颅内压增高。

3. 对平滑肌的作用

哌替啶能引起胆道括约肌收缩，升高胆内压；治疗量对支气管平滑肌影响较小，大剂量可引起收缩；与吗啡不同的是，对妊娠末期子宫的节律性收缩无影响，不对抗缩宫素对子宫的兴奋作用，故不延缓产程。

【不良反应】

1. 副作用

可出现眩晕、出汗、口干、恶心呕吐、心悸等。静脉注射后可出现外周血管扩张，血压下降，甚至引起直立性低血压。

2. 耐受性和依赖性

本品的耐受性和依赖性程度介于吗啡与可待因之间，但仍需控制使用，用药间隔不宜太短，两次用药间隔至少 4 h。

3. 急性中毒

可出现昏迷、呼吸抑制、瞳孔散大、震颤、肌肉痉挛、反射亢进甚至惊厥。使用纳洛酮解救时，应配合尼可刹米、硫酸镁等药物。

二、实训设计

【实训目的】

观察盐酸哌替啶的镇痛作用，联系临床应用。

【实训材料】

1. 实验用具

小鼠笼 3 个，电子天平 1 台、5 mL 注射器 3 支、酒精棉球若干。

2. 实验药品

1%醋酸溶液、0.2%盐酸哌替啶注射液、0.2%颅痛定（罗通定）注射液、生理盐水。

3. 实验动物

小白鼠 3 只。

【实训步骤】

（1）取小白鼠 3 只，分别称重，编号，分别放入不同的小鼠笼中，观察小白鼠的正常活动。

（2）给予不同药物：1 号小白鼠腹腔注射 0.2%盐酸哌替啶注射液 0.2 mL/10g；2 号小白鼠腹腔注射 0.2%颅痛定注射液 0.2 mL/10g；3 号小白鼠腹腔注射生理盐水 0.2 mL/10g。

（3）药物致痛：30 min 后，每只小白鼠腹腔注射 1%醋酸溶液 0.2 mL/10g，引起小白鼠疼痛。

（4）观察小白鼠有无扭体反应等现象，并比较 3 只小白鼠的状态有何不同。

【实训结果】

观察结果，并填写实验记录表（表 4-5）。

表 4-5　哌替啶、颅痛定的镇痛作用

编号	体重	给药前状态	镇痛药物及剂量	注射醋酸后反应及次数
1				
2				
3				

【注意事项】

（1）抓取动物时应全程佩戴手套，防止被动物咬伤。

（2）实验操作务必规范，防止动物意外死亡或逃脱。

（3）使用注射器时应规范操作，防止被针头扎伤。

（4）实验药物要避免与皮肤接触，防止出现人体损伤。

（5）记录实验数据时应尽量精确，保证数据的真实性。

（6）实验完成后要清洁操作台，分类回收实验废物，并用肥皂清洁双手。

实训六　常见利尿药物的利尿作用实验

一、基本知识

呋塞米（速尿）属于磺酰胺类化合物，具有利尿、抗水肿等作用，临床常用制剂为呋塞米注射液、呋塞米片。

【药理作用】

1. 利尿作用

呋塞米能特异性地抑制肾小管髓袢升支粗段 Na^+-K^+-$2Cl^-$同向转运系统，抑制 NaCl 的重吸收，使管腔液中 NaCl 的浓度增加，降低了肾脏的稀释功能。同时，肾脏髓质间隙渗透压梯度降低，导致尿液流经集合管时，水的重吸收也减少，降低肾脏的浓缩功能，从而产生迅速强大的利尿作用。另外，呋塞米也可抑制 Ca^{2+}、Mg^{2+}、K^+的重吸收，使尿中 Na^+、Cl^-、Ca^{2+}、Mg^{2+}、K^+的排出增多，HCO_3^-排出也增多。

2.扩血管作用

呋塞米可扩张肾血管，增加肾血流量，静脉注射可使肾血流量增加 30%以上；呋塞米还可扩张全身静脉，降低前负荷和肺动脉楔压。其扩张血管的机制可能与增加前列腺素合成和抑制前列腺素分解有关。

【不良反应】

1. 水和电解质紊乱

用药过量或连续应用时，可因过度利尿而引起低血容量、低血钾、低血钠及低血氯性碱中毒。其中以低钾血症最为常见，应注意补钾或加服保钾利尿药。对晚期肝硬化腹水患者，可因血钾过低诱发肝性脑病，故肝硬化腹水患者应慎用或禁用。

2. 听力损害

大剂量呋塞米快速静脉注射可引起眩晕、耳鸣、听力下降，多为暂时性，少数为不可逆性，肾功能减退者尤易发生。

3. 胃肠道反应

可见恶心、呕吐、上腹部不适等症状，重者可引起胃肠出血。

二、实训设计

【实训目的】

观察呋塞米的利尿作用，联系临床应用。

【实训材料】

1. 实验用具

代谢笼 2 个、电子天平 1 台、灌胃器 2 个、5 mL 注射器 2 支、酒精棉球若干。

2. 实验药品

1%呋塞米注射液、生理盐水。

3. 实验动物

大白鼠 2 只。

【实训步骤】

（1）取大白鼠 2 只，分别称重，编号，分别灌胃口服生理盐水 20 mL/kg，观察大白鼠的正常活动。

（2）给予不同药物：1 号大白鼠腹腔注射 1%呋塞米注射液 1 mL/kg，置于代谢笼中；2 号大白鼠腹腔注射生理盐水 1 mL/kg，置于代谢笼中。

（3）观察大白鼠的排尿次数，收集 20 min 内产生的尿液，并比较 2 只大白鼠的尿量有何不同。

【实训结果】

观察结果，并填写实验记录表（表 4-6）。

表 4-6　呋塞米的利尿作用

编号	体重	给药前状态	药物及剂量	用药后排尿次数及尿液总量
1				
2				

【注意事项】

（1）抓取动物时应全程佩戴手套，防止被动物咬伤。

（2）实验操作务必规范，防止动物意外死亡或逃脱。

（3）使用注射器时应规范操作，防止被针头扎伤。

（4）实验药物要避免与皮肤接触，防止出现人体损伤。

（5）记录实验数据时应尽量精确，保证数据的真实性。

（6）实验完成后要清洁操作台，分类回收实验废物，并用肥皂清洁双手。

实训七　药物的体外抗凝血作用

一、基本知识

肝素属于硫酸氨基葡聚糖混合物，带有大量负电荷，呈强酸性，具有抗凝血作用，临床常用制剂为肝素钠注射液、肝素钠凝胶。

【药理作用】

1. 抗凝作用

肝素在体内、体外均具有抗凝作用，作用迅速而强大。静注 10 min 即可起效，维持时间 3 ~ 4 h。肝素是通过增强抗凝血酶Ⅲ的抗凝作用而发挥作用的。抗凝血酶Ⅲ是体内作用缓慢的生理性抗凝物质，可使以丝氨酸为活性中心的凝血因子Ⅱa、Ⅸa、Ⅹa、Ⅺa 和Ⅻa 失去活性而呈现作用。肝素通过其酸性基团与抗凝血酶Ⅲ的碱性赖氨酸残基结合，生成肝素-抗凝血酶Ⅲ复合物。抗凝血酶Ⅲ精氨酸反应中心构象随后发生变化，易与上述凝血因子活性中心丝氨酸残基结合，抗凝作用加速，肝素使这一反应加速 4 倍以上。

2. 抗动脉粥样硬化作用

肝素抗动脉粥样硬化作用与肝素的调血脂、保护动脉内皮、抗平滑肌细胞增殖等有关。

3. 其他作用

如抗感染、降低血黏度等。

【不良反应】

1. 自发性出血

自发性出血是肝素最主要的不良反应，系肝素过量所致，表现为黏膜出血、关节腔积血和伤口出血等。轻度出血，停药即可；出血严重者，应缓慢注射肝素特异性解毒剂硫酸鱼精蛋白对抗，每 1.0~1.5 mg 硫酸鱼精蛋白可使 100 U 的肝素失活，但硫酸鱼精蛋白每次剂量不可超过 50 mg。

2. 短暂性血小板减少症

多发生在用药后的 7 ~ 10 d，与免疫反应有关，通常停药约 4 d 后可恢复。

3. 其　他

偶见皮疹、哮喘、发热等过敏反应，发生后应立即停药，并进行抗过敏治疗。长期应用（3~6 个月）可致骨质疏松和自发性骨折、可逆性脱发等。对肝素过敏、有出血倾向、血友病、血小板功能不全、紫癜、肝肾功能不全、溃疡病、严重高血压及孕妇禁用。

二、实训设计

【实训目的】

观察肝素的体外抗凝血作用，联系临床应用。

【实训材料】

1. 实验用具

兔固定架、10 mL 试管 2 支、试管架 1 个，5 mL 注射器 2 支、酒精棉球若干。

2. 实验药品

0.05%肝素钠注射液。

3. 实验动物

家兔 1 只。

【实训步骤】

（1）取 10 mL 试管 2 支，编号，1 号试管加入肝素注射液 0.3 mL，2 号试管不加任何溶液。

（2）将家兔固定在兔固定架上，露出头部及两耳；每侧耳缘静脉各采血 3 mL，分别注入到 1 号试管、2 号试管内，静置 20 min。

（3）观察试管中的兔血是否发生凝集现象，并比较 2 支试管中的血液凝集程度有何不同。

【实训结果】

观察结果，并填写实验记录表（表 4-7）。

表 4-7　肝素的体外抗凝血作用

编号	药物及剂量	加入血液量	血液是否凝集
1			
2			

【注意事项】

（1）抓取动物时应全程佩戴手套，防止被动物咬伤。

（2）实验操作务必规范，防止动物意外死亡或逃脱。

（3）使用注射器时应规范操作，防止被针头扎伤。

（4）实验药物要避免与皮肤接触，防止出现人体损伤。

（5）记录实验数据时应尽量精确，保证数据的真实性。

（6）实验完成后要清洁操作台，分类回收实验废物，并用肥皂清洁双手。

实训八　有机磷酸酯类农药中毒及解救

一、基本知识

（一）有机磷酸酯类农药

有机磷酸酯类农药为常见的农业杀虫剂，常用的有内吸磷、对硫磷、马拉硫磷、敌敌畏、敌百虫、乐果等。

【中毒机制】

有机磷酸酯类可经呼吸道、消化道、皮肤、黏膜等途径吸收，进入机体后，与胆碱酯酶牢固结合，生成磷酰化胆碱酯酶，使胆碱酯酶水解乙酰胆碱的能力下降，致使乙酰胆碱在突触间隙大量堆积，过度激动外周 M、N 受体并作用于中枢神经系统，产生一系列中毒症状。

【中毒症状】

轻度中毒以 M 样症状为主，中度中毒时同时出现 M 样症状、N 样症状，严重中毒则出现 M 样症状、N 样症状和中枢神经系统症状。

1. M 样症状

主要表现为平滑肌痉挛及腺体分泌亢进、瞳孔缩小、视物模糊、面色苍白、多汗、流涎、恶心、呕吐、腹泻、支气管痉挛、胸闷、呼吸困难、肺水肿。

2. N 样症状

表现为肌纤维颤动，常自小肌群开始，由眼睑、颜面、舌肌颤动逐渐波及全身，如牙关紧闭、腓肠肌痉挛、全身肌肉抽搐，严重时有肌张力减退，甚至瘫痪。

3. 中枢症状

表现为先兴奋后抑制，有头晕、头痛、疲乏、共济失调、烦躁不安、谵妄、抽搐和昏迷等。

【解救方法】

1. 清除毒物

病人中毒后，若经皮肤吸收者，可用温水和肥皂水清洗皮肤；口服中毒时应立即使用 1%~2%的碳酸氢钠洗胃，而且要求尽早、反复应用、务求彻底，再用硫酸镁或硫酸钠导泻。解救敌百虫中毒时，不宜配合碱性溶液洗胃，因敌百虫遇碱可转化为毒性作用更强的敌敌畏；解救对硫磷中毒时，不宜配合高锰酸钾溶液洗胃，因对硫磷遇高锰酸钾可被氧化为毒性作用更强的对氧磷。

2. 应用特效解毒药

使用抗胆碱药阿托品能阻断 M 受体，消除 M 样症状，对 N 样症状作用差。给药原则为早期、足量、反复使用阿托品直至阿托品化再减量维持。

胆碱酯酶复活药可以恢复体内胆碱酯酶的活性，消除 N 样症状，对 M 样症状效果差。常用的药物有氯解磷定、碘解磷定和双复磷等。

3. 对症治疗

人工呼吸、吸氧、抗惊厥、抗休克等。

（二）氯解磷定

氯解磷定为有机磷酸酯类解毒药。其分子结构中含有季铵基团，能与游离的有机磷结合，生成无毒的化合物排出体外，恢复胆碱酯酶的活性。

【药理作用】

氯解磷定与磷酰化胆碱酯酶的磷原子亲和力较强，与磷酰基团结合，使胆碱酯酶游离出来，恢复活性。此外，还能与体内游离的有机磷酸酯类直接结合，形成无毒的磷酰化物，从而阻止游离的有机磷酸酯类与胆碱酯酶继续结合。但大剂量也可引起神经肌肉接头阻断和胆碱酯酶抑制。

氯解磷定用于解救有机磷酸酯类中毒，解毒效果因有机磷酸酯的种类而不同，对内吸磷、对硫磷、马拉硫磷等中毒的疗效较好；对敌敌畏、敌百虫中毒疗效一般；对乐果中毒几乎无效。

【不良反应】

（1）治疗量不良反应少，剂量过大，会加剧有机磷酸酯类中毒。

（2）静脉给药过快，可引起头痛、乏力、眩晕、视物模糊、心动过速及呼吸抑制等症状。给药剂量过大，可抑制胆碱酯酶，应注意与有机磷酸酯类中毒症状相区别。

（3）在碱性条件下可水解出氰离子（CN^-），因此严禁与碱性药物配伍。静脉给药后应严密观察病人的反应，监测血压、心率、呼吸及瞳孔的变化。

二、实训设计

【实训目的】

观察敌百虫中毒症状，比较阿托品与碘解磷定的解救效果。

【实训材料】

1. 实验用具

电子天平 1 台、兔笼 3 个、兔固定架 3 个、5mL 注射器 1 支、10 mL 注射器 2 支、量瞳尺 1 把、酒精棉球若干。

2. 实验药品

5%敌百虫溶液、5%碘解磷定注射液、0.19%硫酸阿托品注射液。

3. 实验动物

家兔 3 只。

【实训步骤】

（1）取家兔 3 只，分别称重，编号，分别放入不同的兔笼中，观察不同家兔的正常活动，记录唾液分泌、肌紧张度、有无排便（包括粪便形态）、测量瞳孔大小、呼吸频率等各项指标。

（2）制造中毒模型：分别将家兔固定在兔固定架上，露出头部及两耳，由耳静脉给每只家兔注射 5%敌百虫溶液 2 mL/kg，观察上述指标变化情况。

（3）不同药物干预：待家兔瞳孔明显缩小、呼吸浅而快、唾液大量分泌（流出口外或不断吞咽）、骨骼肌震颤和大小便失禁等中毒症状明显时，1号家兔耳静脉注射 0.1%硫酸阿托品注射液 1 mL/kg；2 号家兔耳静脉注射 2.5%碘解磷定注射液 2 mL/kg；3 号家兔耳静脉注射 0.1%硫酸阿托品注射液 1 mL/kg 和 2.5%碘解磷定注射液 2 mL/kg。

（4）观察家兔的瞳孔直径、呼吸频率、唾液分泌、排便情况、肌肉震颤情况、活动情况等各项指标并记录，并比较不同药物对家兔的解救效果有何不同。

【实训结果】

观察结果，并填写实验记录表（表 4-8）。

表 4-8　阿托品、碘解磷定对敌百虫的解毒作用

编号	用药前后	瞳孔直径	呼吸频率	唾液分泌	排便情况	肌肉震颤情况	活动情况
	中毒前						
1	中毒后						
	解毒后						
	中毒前						
2	中毒后						
	解毒后						
	中毒前						
3	中毒后						
	解毒后						

【注意事项】

（1）抓取动物时应全程佩戴手套，防止被动物咬伤。

（2）实验操作务必规范，防止动物意外死亡或逃脱。

（3）使用注射器时应规范操作，防止被针头扎伤。

（4）实验药物要避免与皮肤接触，防止出现人体损伤。

（5）记录实验数据时应尽量精确，保证数据的真实性。

（6）实验完成后要清洁操作台，分类回收实验废物，并用肥皂清洁双手。

扫码观看项目四的操作视频

5

项目五 处方调剂实训

任务一

药品说明书的基本知识

一、药品说明书的概念及作用

药品说明书是载明药品的重要信息的法定文件，是选用药品的法定指南。药品说明书的内容应包括药品的品名、规格、生产企业、药品批准文号、产品批号、有效期、主要成分、适应症或功能主治、用法、用量、禁忌、不良反应和注意事项等，中药制剂说明书还应包括主要药味（成分）性状、药理作用、贮藏等。药品说明书能提供用药信息，是医务人员、患者了解药品的重要途径。说明书的规范程度与医疗质量密切相关。

二、药品说明书的格式及内容

（一）药品说明书的格式

××××说明书

【药品名称】

通用名：

商品名：

英文名：

汉语拼音：

【成份】主要成份为××××

化学名称：

化学结构式：

分子式：

分子量：

【性状】

【适应症】

【规格】

【用法用量】

【不良反应】

【禁忌】

【注意事项】

【孕妇及哺乳期妇女用药】

【儿童用药】

【老年用药】

【药物相互作用】

【药物过量】

【药理毒理】

【药代动力学】

【贮藏】

【包装】

【有效期】

【执行标准】

【批准文号】

【生产企业】

企业名称：

生产地址：

邮政编码：

电话号码：

传真号码：

网址：

（二）药品说明书的内容

1. 药品名称

该项内容包括药品的通用名、商品名、英文名称、汉语拼音。

通用名称：国家药品标准中收载的药品中文名称，是药品的法定名称。中国药典收载的品种，其通用名称应当与药典一致；药典未收载的品种，其名称应当符合药品通用名称命名原则。药品通用名称不得作为商标注册。

商品名称：经国家药品监督管理部门批准的特定企业使用的药品名称，不使用商品名称的药品不列本项。药品商品名称可作为商标注册。

英文名称：无英文名称的不列本项。

汉语拼音：按药品标准描述。

不同厂家生产的同一种药品可以有不同的商品名，但通用名和化学名是统一的。比如维宏、希舒美是商品名，其通用名都是阿奇霉素。患者用药前，应首先明确所用药物的通用名，避免重复使用同一种药物而导致用药过量。

2. 成　份

（1）按顺序书写活性成份的化学名称、化学结构式、分子式、分子量。

（2）药品若为含有多种活性成份的复方制剂，可以不列出每个活性成份化学名称、化学结构式、分子式、分子量内容。可以表述为“本品为复方制剂，其组份为：……”。组份按一个制剂单位（如每粒、片、支、瓶等）分别列出所含的全部活性成份及其量。

（3）多组份或化学结构尚不明确的化学药品或者治疗用生物制品，应当列出主要成份名称，简述活性成份的来源。

（4）药品中含有可能引起严重不良反应的辅料，还应当列出该辅料的名称。

（5）注射剂应当列出全部辅料名称。

3. 性 状

性状是指药品的物理特征或形态，包括外形、颜色、嗅、味、溶解度以及物理常数。

4. 适应症

适应症是指药品适合运用的范围、标准。应采用准确的表述方式，明确列出用于预防、治疗、诊断环节或者辅助治疗的某种疾病或者症状。其注明的是该药物能够治疗的主要病症，如感冒、咳嗽、高血压等，用药前应仔细阅读这部分内容以保证对症用药。

5. 规 格

规格系指每一支、片或其他每一个单位制剂中含有主药的重量(或效价)或含量(%)或装量。药品规格涉及医师、药师、护理人员、患者正确使用药品的问题，明确药品规格十分重要。

6. 用法用量

用法用量包括用法和用量两部分。应当详细列出药物的使用方法。准确列出用药的剂量、计量方法、用药次数以及疗程期限，并应当特别注意与规格的关系。用法上有特殊要求的，应当按实际情况详细说明。需按疗程用药或规定用药期限的，必须注明疗程、期限。

说明书上的用量通常指的是成人用量，儿童用量应根据体重计算，说明书中一般会注明每公斤体重的用量。药物用法由剂型决定，分内服、外用、注射等。最常见的专业注释包括：顿服，即只需服药一次，或是一天一次；饭前服即吃饭前 30~60 min 服药，如胃黏膜保护剂、抗酸药；饭后服即吃饭后 30 min 左右服药，多数药物都是饭后服；空腹服即饭前 1 h 或饭后 2 h 服药，这样可以避免食物对药物吸收的影响；睡前服是指睡前 15 ~ 20 min 服药。

7. 不良反应

该项应详细列出药物在使用过程中可能出现的不良反应，如恶心、呕吐、影响肝肾功能等。并按不良反应的严重程度、发生频率等列出。

阅读这部分内容主要是为了在用药过程中，加强自我安全监测。如用药后发生药物不良反应，应及时咨询医生或药师，严重时需及时停药。

8. 禁 忌

该项列出禁止应用该药品的人群或者疾病情况。

9. 注意事项

在该项应列出使用时必须注意的问题，包括需要慎用的情况(如肝、肾功能的问题)，影响药物疗效的因素（如食物、烟、酒），用药过程中需要观察的情况（如过敏反应，定期检查血常规、肝功、肾功）及用药对于临床检验的影响。

注意事项下常有“慎用”“禁用”的说明。“慎用”是谨慎使用之意，应在医生指导下，明确利大于弊后方可使用。“禁用”则是绝对禁止使用，一旦使用可能导致严重后果。禁忌内容在说明书中一般单独列出，凡属禁用范围内的人群，应避免使用该药。儿童、老人、孕妇及哺乳期妇女在用药时需格外谨慎，应仔细看儿童用药、老年人用药、孕妇及哺乳期妇女用药相关内容。

10. 孕妇及哺乳期妇女用药

该项着重说明该药品对妊娠、分娩及哺乳期母婴的影响，并写明可否应用本品及用药注意事项。若未进行该项实验且无可靠参考文献的，应当在该项下予以说明。

11. 儿童用药

该项内容主要包括儿童由于生长发育的关系而对于该药品在药理、毒理或药代动力学方面与成人的差异，并写明可否应用本品及用药注意事项。若未进行该项实验且无可靠参考文献的，应当在该项下予以说明。

12. 老年用药

此项内容主要包括老年人由于机体各种功能衰退的关系而对于该药品在药理、毒理或药代动力学方面与成人的差异，并写明可否应用本品及用药注意事项。若未进行该项实验且无可靠参考文献的，应当在该项下予以说明。

13. 药物相互作用

该项应列出与该药产生相互作用的药品或者药品类别，并说明相互作用的结果及合并用药的注意事项。

在同一时期使用两种或两种以上的药物，要认真阅读说明书中的“药物相互作用”。对于说明书中明确提出有不良相互作用的药物，应避免同时使用。

14. 药物过量

该项应详细列出过量应用该药品可能发生的毒性反应、剂量及处理方法。若未进行该项实验且无可靠参考文献的，应当在该项下予以说明。

15. 临床试验

该项为本品临床试验概述，应当准确、客观地进行描述。包括临床试验的给药方法、研究对象、主要观察指标、临床试验的结果包括不良反应等。没有进行临床试验的药品不书写该项内容。

16. 药理毒理

此项包括药理作用和毒理研究两部分内容。

药理作用为临床药理中药物对人体作用的有关信息。也可列出与临床适应证有关或有助于阐述临床药理作用的体外试验和（或）动物试验的结果。复方制剂的药理作用可以为每一组成成份的药理作用。

毒理研究所涉及的内容是指与临床应用相关，有助于判断药物临床安全性的非临床毒理研究结果。应当描述动物种属类型，给药方法（剂量、给药周期、给药途径）和主要毒性表现等重要信息。复方制剂的毒理研究内容应当尽量包括复方给药的毒理研究结果，若无该信息，应当写入单药的相关毒理内容。

未进行该项实验且无可靠参考文献的，应当在该项下予以说明。

17. 药代动力学

该项应当包括药物在体内吸收、分布、代谢和排泄的全过程及其主要的药代动力学参数，以及特殊人群的药代动力学参数或特征。说明药物是否通过乳汁分泌、是否通过胎盘屏障及血-脑脊液屏障等。应以人体临床试验结果为主，如缺乏人体临床试验结果，可列出非临床试验的结果，并加以说明。

18. 贮　藏

具体条件的表示方法按《中国药典》（2020 年版）要求书写，并注明具体温度。如：阴凉处（不超过 20℃）保存。

生物制品应当同时注明制品保存和运输的环境条件，特别应明确具体温度。

19. 包　装

包括直接接触药品的包装材料和容器及包装规格，并按该顺序表述。

20. 有效期

有效期以月为单位表述。

21. 执行标准

列出执行标准的名称、版本，如《中国药典》2020 版二部。或者药品标准编号，如 WS_3-B-2975-98-1。

22. 批准文号

指该药品的药品批准文号，进口药品注册证号或者医药产品注册证号。

麻醉药品、精神药品、蛋白同化制剂和肽类激素还需注明药品准许证号。

23. 生产企业

国产药品该项内容应当与《药品生产许可证》载明的内容一致，进口药品应当与提供的政府证明文件一致。并按下列方式列出：

企业名称：

生产地址：

邮政编码：

电话和传真号码：（须标明区号）

网址：（如无网址可不写，此项不保留）

三、药品说明书的意义

根据《中华人民共和国药品管理法》规定，药品包装应当按照规定附有说明书。药品说明书的基本作用是指导安全、合理使用药品。考察我国药品管理相关法律，可以发现药品说明书有着更加广泛而重要的法律意义，药品说明书可以作为药品管理领域一系列法律事实的认定依据，包括判定假药劣药、缺陷药品、虚假药品广告和药品召回对象的认定。

随着医药科学的迅速发展，新的药品层出不穷，为临床医疗中的药物选择提供了广阔的空间，了解药物使用的相关知识，查阅药品说明书成为一种方便快捷的途径。药品说明书弥补了药物手册中药品不全的缺陷，而且对药物的用法、不良反应及注意事项的叙述更为详细，不仅为医生准确开医嘱提供了保证，也使护士执行医嘱时避免盲目和机械，能够发现错误医嘱并及时向医生反馈，遇到可疑医嘱时可查找药品说明书，做治疗时也能心中有数，从而保证了用药安全，避免差错事故的发生。药品说明书方便了医生和护士更直接、更详细地获取药物信息，保证了用药的安全性、有效性，也成为病区内使用频率最高的参考读物。可以肯定的是，随着医学科学的发展，新药的不断问世，药品说明书将在工作中发挥越来越大的作用。

图 5-1 为某制药厂生产的硝酸甘油片说明书。

核准日期:

HPGC　哈药集团

硝酸甘油片说明书

请仔细阅读说明书并在医师指导下使用

警示语：禁用于心肌梗死早期（有严重低血压及心动过速时）、严重贫血、青光眼、颅内压增高和已知对硝酸甘油过敏的患者。还禁用于使用枸橼酸西地那非（万艾可）的患者，后者增强硝酸甘油的降压作用。

【药品名称】
通用名称：硝酸甘油片
英文名称：NitroglycerinTablets
汉语拼音：Xiaosuan Ganyou Pian
【成　　份】本品主要成份为：硝酸甘油。
分子式：$C_3H_5N_3O_9$
分子量：227.09
【性　　状】本品为白色片。
【适 应 症】用于冠心病心绞痛的治疗及预防，也可用于降低血压或治疗充血性心力衰竭。
【规　　格】0.5mg
【用法用量】片剂：成人一次用0.25～0.5mg（1片）舌下含服。每5分钟可重复1片，直至疼痛缓解。如果15分钟内总量达3片后疼痛持续存在，应立即就医。在活动或大便之前5～10分钟预防性使用，可避免诱发心绞痛。
【不良反应】(1)头痛：可于用药后立即发生，可为剧痛和呈持续性。(2)偶可发生眩晕、虚弱、心悸 和其他体位性低血压的表现，尤其在直立、制动的患者。(3)治疗剂量可发生明显的低血压反应，表现为恶心、呕吐、虚弱、出汗、苍白和虚脱。(4)晕厥、面红、药疹和剥脱性皮炎均有报告。
【禁　　忌】禁用于心肌梗死早期（有严重低血压及心动过速时）、严重贫血、青光眼、颅内压增高和已知对硝酸甘油过敏的患者。还禁用于使用枸橼酸西地那非（万艾可）的患者，后者增强硝酸甘油的降压作用。
【注意事项】(1)应使用能有效缓解急性心绞痛的最小剂量，过量可能导致耐受现象。片剂用于舌下含服，不可吞服。(2)小剂量可能发生严重低血压，尤其在直立位时。舌下含服用药时患者应尽可能取坐位，以免因头晕而摔倒。(3)应慎用于血容量不足或收缩压低的患者。(4)诱发低血压时可合并反常性心动过缓和心绞痛加重。(5)可使肥厚梗阻型心肌病引起的心绞痛恶化。(6)可发生对血管作用和抗心绞痛作用的耐受性。(7)如果出现视力模糊或口干，应停药。剂量过大可引起剧烈头痛。
【孕妇及哺乳期妇女用药】尚不知是否引起胎儿损害或者影响生育能力，故仅当确有必要时方可用于孕妇。亦不知是否从人乳汁中排泌，故哺乳期妇女应谨慎。
【儿童用药】尚不明确。
【老年用药】尚不明确。
【药物相互作用】(1) 中度或过量饮酒时，使用本药可致低血压。(2)与降压药或血管扩张药合用可增强硝酸盐的致体位性低血压作用。(3)阿司匹林可减少舌下含服硝酸甘油的清除，并增强其血流动力学效应。(4)使用长效硝酸盐可降低舌下用药的治疗作用。(5)枸橼酸西地那非（万艾可）加强有机硝酸盐的降压作用。(6)与乙酰胆碱、组胺及拟交感胺类药合用时，疗效可能减弱。
【药物过量】过量可引起严重低血压、心动过速、心动过缓、传导阻滞、心悸、循环衰竭导致死亡、晕厥、持续搏动性头痛、眩晕、视力障碍、颅内压增高、瘫痪和昏迷并抽搐、脸红与出汗、恶心与和呕吐、腹部绞痛与腹泻、呼吸困难与高 铁血红蛋白血症。
【药理毒理】主要药理作用是松弛血管平滑肌。硝酸甘油释放一氧化氮（NO），激活鸟苷酸环化酶，使平滑肌和其他组织内的环鸟苷酸（cGMP）增多，导致肌球蛋白轻链去磷酸化，调节平滑肌收缩状态，引起血管扩张。硝酸甘油扩张动静脉血管床，以扩张静脉为主，其作用强度呈剂量相关性。外周静脉扩张，使血液潴留在外周，回心血量减少，左室舒张末压（前负荷）降低。扩张动脉使外周阻力（后负荷）降低。动静脉扩张使心肌耗氧量减少，缓解心绞痛。对心外膜冠状动脉分支也有扩张作用。治疗 剂量可降低收缩压、舒张压和平均动脉压，有效冠状动脉灌注压常能维持，但血压过度降低或心率增快使舒张期充盈时间缩短时，有效冠状动脉灌注压则降低。使增高的中心静脉压与肺毛细血管楔嵌压、肺血管阻力与体循环血管阻力降低。心率通常稍增快，估计是血压下降的反射性作用。心脏指数可增加、降低或不变。左室充盈压和外周阻力增高伴心脏指数低的患者，心脏指数可能会有增高。相反，左室充盈压和心脏指数正常者，静脉注射用药可使心脏指数稍有降低。
【药代动力学】舌下含服立即吸收，生物利用度80%；而口服因肝脏首过效应，生物利用度仅为8%。舌下给药约2～3分钟起效、5分钟达到最大效应，血药浓度峰值为2～3ng/ml，作用持续10～30分钟，半衰期约1～4分钟。血浆蛋白的结合率约为60%。主要在肝脏代谢，中间产物为二硝酸盐和单硝酸盐，终产物为丙三醇。两种主要活性代谢产物1,2-和1,3-二硝酸甘油与母体药物相比，作用较弱，半衰期更长。代谢后经肾脏排出。
【贮　　藏】遮光，密封，在阴凉处（不超过20℃）保存。
【包　　装】聚乙烯塑料瓶，每瓶100片，每盒10瓶。
【有 效 期】6个月
【执行标准】《中国药典》2005年版二部
【批准文号】国药准字H23021574
【生产企业】
企业名称：哈药集团人民同泰制药厂
生产地址：哈尔滨市道外区东化工路7号
邮政编码：150050
电话号码：0451-57692391
传真号码：0451-57692391

哈药集团人民同泰制药厂

图 5-1　硝酸甘油片说明书

四、现行药品说明书规范

《药品说明书和标签管理规定》（国家食品药品监督管理局令第 24 号）于 2006 年 3 月 10 日经国家食品药品监督管理局局务会审议通过，自 2006 年 6 月 1 日起施行。《化学药品和治疗用生物制品说明书规范细则》规定了说明书的具体格式和内容。

任务二

医用处方的基本知识

一、处方的定义

处方，是指由注册的执业医师和执业助理医师在诊疗活动中为患者开具的、由取得药学专业技术职务任职资格的药学专业技术人员审核、调配、核对，并作为患者用药凭证的医疗文书。处方还包括医疗机构病区用药医嘱单。处方作为医疗文书，具有经济上、技术上和法律上的意义。

二、处方的分类

按照医用用途划分，处方可分为普通处方、急诊处方、儿科处方、麻醉药品和第一类精神药品处方、第二类精神药品处方等。

处方之间采用不同颜色的印刷用纸以及文字注明进行区分。例如：急诊处方为淡黄色；儿科处方为淡绿色；麻醉药品和第一类精神药品处方为淡红色；普通处方与第二类精神药品处方为白色，第二类精神药品处方右上角以“精二”进行标注（表 5-1）。

表 5-1　处方的分类

处方种类	处方印刷用纸颜色	处方右上角标注
普通处方	白色	
急诊处方	淡黄色	急诊
儿科处方	淡绿色	儿科
麻醉药品和第一类精神药品处方	淡红色	麻、精一
第二类精神药品处方	白色	精二

三、处方结构

处方由前记、正文、后记三部分组成（图 5-2）。

1. 前　记

前记包括医疗机构名称、门诊或住院病历号、处方编号、科别或病室和床位号、费别、患者姓名、性别、年龄、临床诊断、开具日期等，并可添列专科要求的项目。麻醉药品和第一类精神药品处方还应当包括患者身份证明编号、代办人姓名及身份证明编号。

2. 正　文

正文部分以处方头 Rp 或 R 标示，分列药物名称、剂型、规格、数量、用法用量。

3. 后　记

后记部分包括医生签名和（或）加盖专用签章、药品金额以及审核、调配、核对、发药的药学专业技术人员签名和（或）加盖专用签章。

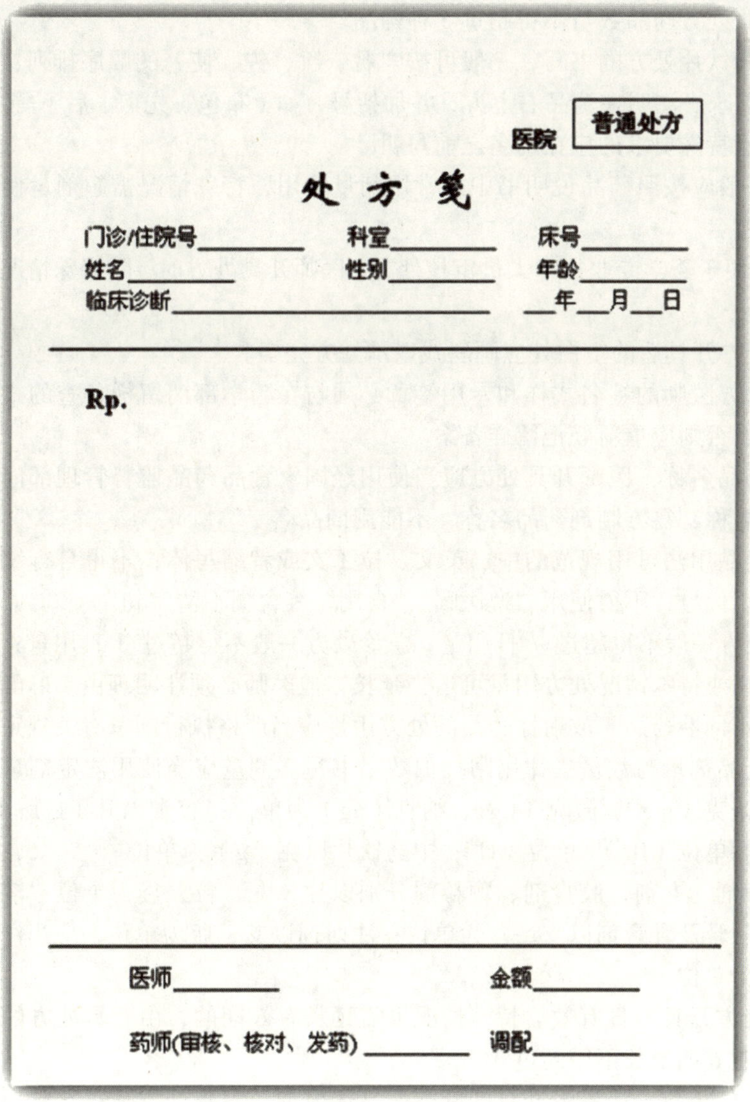

普通处方

医院

处方笺

门诊/住院号________ 科室________ 床号________

姓名________ 性别________ 年龄________

临床诊断________________ ___年___月___日

Rp.

医师________ 金额________

药师(审核、核对、发药) ________ 调配________

图 5-2　处方的结构（普通处方）

四、处方书写规则

（1）处方记载的患者一般情况、临床诊断应清晰、完整，并与病历记载相一致。

（2）每张处方只限于一名患者的用药。

（3）处方字迹应当清楚，不得涂改。如有修改，必须在修改处签名并注明修改日期。

（4）年龄必须填写患者实足年龄，新生儿、婴幼儿写日、月龄，必要时应注明体重。

（5）西药、中成药可以分别开具处方，也可以开具一张处方。

（6）中药饮片应单独开具处方。

（7）化学药、中成药每一种药品须另起一行。

（8）一张处方药品数量不得超过5种药品。

（9）中药饮片处方的书写，一般可按“君、臣、佐、使”的顺序排列；药物调剂、煎煮的特殊要求，注明在药品右上方，并加括号，如（布包、先煎、后下等）；对饮片的产地、炮制有特殊要求的应在药名之前写明。

（10）一般应按照药品说明书中的常用剂量使用，特殊情况需超剂量使用时应注明原因并再次签名。

（11）为便于药学专业技术人员审核处方，医师开具处方时，除特殊情况外必须注明临床诊断。

（12）处方开具后的空白处应画斜线以示处方完毕。

（13）处方医师的签名式样和专用签章必须与在药学部门留样备查的式样一致，不得任意改动，否则应重新登记留样备案。

（14）药品名称：医师开具处方应当使用经国家食品药品监督管理部门批准并公布的药品通用名称、复方制剂药品名称，不能用商品名。

（15）药品用法可用规范的中、英文、拉丁文或者缩写体；不得自行编制药品缩写名称或者使用代号；不得使用“遵医嘱”“自用”等含糊不清字句。

（16）处方一般不得超过7日用量；急诊处方一般不得超过3日用量；对于某些慢性病、老年病或特殊情况处方用量可适当延长，但医师必须注明理由。麻醉药品、精神药品、医疗用毒性药品、放射性药品的处方用量应当严格执行国家有关规定。

（17）药品剂量与数量一律用阿拉伯数字书写。剂量应当使用法定剂量单位：重量以克（g）、毫克（mg）、微克（μg）、纳克（ng）为单位；容量以升（L）、毫升（mL）为单位；国际单位（IU）、单位（U）；中药饮片以克（g）为单位。

（18）片剂、丸剂、胶囊剂、颗粒剂分别以片、丸、粒、袋为单位；溶液剂以支、瓶为单位；软膏及乳膏剂以支、盒为单位；注射剂以支、瓶为单位，应当注明含量；中药饮片以剂为单位。

（19）处方开具当日有效。特殊情况下需延长有效期的，由开具处方的医师注明有效期限，但有效期最长不得超过3天。

（20）为门（急）诊患者开具的麻醉药品注射剂，每张处方为一次常用量；控缓释制剂，每张处方不得超过7日常用量；其他剂型，每张处方不得超过3日常用量。

（21）第一类精神药品注射剂，每张处方为一次常用量；控缓释制剂，每张处方不得超过7日常用量；其他剂型，每张处方不得超过3日常用量。哌醋甲酯用于治疗儿童多动症时，每张处方不得超过 15 日常用量。

（22）第二类精神药品一般每张处方不得超过 7 日常用量；对于慢性病或某些特殊情况的患者，处方用量可以适当延长，医师应当注明理由。

（23）为门（急）诊癌症疼痛患者和中、重度慢性疼痛患者开具的麻醉药品、第一类精神药品注射剂，每张处方不得超过 3 日常用量；控缓释制剂，每张处方不得超过 15 日常用量；其他剂型，每张处方不得超过 7 日常用量。

（24）住院患者开具的麻醉药品和第一类精神药品处方应当逐日开具，每张处方为 1 日常用量。

（25）医疗机构应当要求长期使用麻醉药品和第一类精神药品的门（急）诊癌症患者和中、重度慢性疼痛患者，每 3 个月复诊或者随诊一次。

（26）医师利用计算机开具、传递普通处方时，应当同时打印出纸质处方，其格式与手写处方一致；打印的纸质处方经签名或者加盖签章后有效。药师核发药品时，应当核对打印的纸质处方，无误后发给药品，并将打印的纸质处方与计算机传递处方同时收存备查。

五、处方常用拉丁文缩写词

药师在实际药学工作中，应正确掌握处方正文中常见的外文缩写（表 5-2），并理解其中的中文含义。

表 5-2 处方中常用的专业名词缩写

缩写	中文含义	缩写	中文含义
qd	每日 1 次	U	单位
bid.	每日 2 次	IU	国际单位
tid.	每日 3 次	Dos.	剂量
qid.	每日 4 次	Dil.	稀释
q2d.	每 2 日 1 次	a.u.agit	用前震荡
qod.	隔日一次	OD.	右眼
qh.	每小时 1 次	OL.	左眼
q2h.	每 2 小时 1 次	OU.	双眼
q6h.	每 6 小时 1 次	cc.	立方厘米、毫升
qw.	每周一次	tcs.	敏感性皮肤试验
q2w.	每 2 周 1 次	CT.	皮试
qm.	每晨	A.S.T；p.t.	皮试后
qn.	每晚	Co.	复方的
hs.	睡前	Tab.	片剂

续表

缩写	中文含义	缩写	中文含义
ac.	饭前	Inj.	注射剂
pc.	饭后	Amp.	安瓿剂
am.	上午	Caps.	胶囊剂
pm.	下午	Pil.	丸剂
p.r.n	必要时（可重复数次；长期医嘱）	Sol.	溶液剂
s.o.s.	需要时（限用一次；短期医嘱）	Syr.	糖浆剂
cito!	急！急速的！	Mist.	合剂
stat!；st!	立即	Tinct.	酊剂
lent!	慢慢地！	Inhal.	吸入剂
p.o.	口服	Ung.	软膏剂
i.d.	皮内注射	Ocul.	眼膏剂
i.h.	皮下注射	Gtt.	滴眼剂
i.m.	肌内注射	Aur.	滴耳剂
i.v.	静脉注射	Nar.	滴鼻剂
i.v.drip；iv.gtt	静脉滴注	Supp.	栓剂
Deg	吞服	us int	内服
po.	口服	us ext	外用
ext.	外用	Gran.	颗粒剂
PR	灌肠	PiL.	散剂
RP.或 R.	请取	Dec.	煎剂
Sig.或 S.	用法	GS	葡萄糖注射液
aa.	各	NS	0.9%生理盐水注射液
Ad.	加	PG-Na	青霉素钠
Add.	加至	Vit.	维生素
qs.	适量	NG	硝酸甘油
ds.	给予标记	ATP	三磷酸腺苷

任务三

处方调剂岗位基本任务实训

实训一 处方分析

一、基本知识

（一）处方分析的概念及意义

处方分析也称处方点评，是医院管理系统中发展起来的用药监管模式，是医院将医生处方用药过程中对临床处方进行综合统计分析，从不同层面和不同角度反映医疗机构处方工作的整体和细分情况，为医疗机构管理层进行决策提供科学的数据支持，以达到合理用药、用药监测以及管理的目的。

处方点评是根据国家有关处方的法律、法规和技术规范对处方书写的规范性及药物临床使用的适宜性（包括适应症、药物选择、给药途径、用法用量、药物相互作用、配伍禁忌等）进行综合评价，发现实际存在或者潜在的用药问题，制定并实施干预和改进措施，以提高处方质量，促进临床药物合理应用的过程。实施处方点评制度，能够了解门诊内外医生所开处方的用药种类、特点，便于及时掌握不合理用药和采取干预措施，提高处方质量，保障患者用药安全、经济、有效。

（二）处方分析的要点

1. 处方点评结果

处方点评结果分为合理处方和不合理处方。

2. 不合理处方

不合理处方包括不规范处方、用药不适宜处方及超常处方。

（1）不规范处方的范围。

处方的前记、正文、后记内容缺项，书写不规范或者字迹难以辨认的；

医师签名、签章不规范或者与签名、签章的留样不一致的；

药师未对处方进行适宜性审核的（处方后记的审核、调配、核对、发药栏目无审核调配药师及核对发药药师签名，或者单人值班调剂未执行双签名规定）；

新生儿、婴幼儿处方未写明日、月龄的；

西药、中成药与中药饮片未分别开具处方的；

未使用药品规范名称开具处方的；

药品的剂量、规格、数量、单位等书写不规范或不清楚的；

用法、用量使用“遵医嘱”“自用”等含糊不清字句的；

处方修改未签名并注明修改日期，或药品超剂量使用未注明原因和再次签名的；

开具处方未写临床诊断或临床诊断书写不全的；

单张门（急）诊处方超过五种药品的；

无特殊情况下，门诊处方超过 7 日用量，急诊处方超过 3 日用量，慢性病、老年病或特殊情况下需要适当延长处方用量未注明理由的；

开具麻醉药品、精神药品、医疗用毒性药品、放射性药品等特殊管理药品处方未执行国家有关规定的；

医师未按照抗菌药物临床应用管理规定开具抗菌药物处方的；

中药饮片处方药物未按照“君、臣、佐、使”的顺序排列，或未按要求标注药物调剂、煎煮等特殊要求的。

中药饮用处方有配伍禁忌，有“十八反”“十九畏”“妊娠禁忌”的。

（2）用药不适宜处方的范围。

适应症不适宜的；

遴选的药品不适宜的；

药品剂型或给药途径不适宜的；

无正当理由不首选国家基本药物的；

用法、用量不适宜的；

联合用药不适宜的；

重复给药的；

有配伍禁忌或者不良相互作用的；

其他用药不适宜情况的。

（3）超常处方的范围。

无适应症用药；

无正当理由开具高价药的；

无正当理由超说明书用药的；

无正当理由为同一患者同时开具 2 种以上药理作用相同药物的。

二、实训设计

【实训目的】

（1）掌握处方分析的含义和处方分析的方法及要点。

（2）掌握不合理处方的分析与处理。

【实训准备】

（1）收集处方，根据处方查询药品说明书。

（2）分组（3~4 人为一组）。

【实训步骤】

1. 分析处方

（1）方法：对指定的处方进行分析，详细记录分析内容，每组推荐 1 位同学发言。

（2）分析内容。

①处方整体规范性：信息是否清晰完整，排版是否正确。

②患者疾病：患者疾病的特点，该病的治疗原则。

③选用药物：分析所用药物的类别、药理作用、在此方中的用药目的、不良反应。

④分析合理性：药物之间、药物与患者疾病之间有无相互作用，是否合理。

2. 判断处方是否合理

分组讨论，指出其优点和不足之处，每组推出 1 位同学总结发言。

3. 如不合理，写出改进意见

根据讨论结果，提出合理的处方调整建议。

4. 实训评价

教师总结学生的实训情况，并引导同学进行分析，详细说明分析结果与依据。

思考与探索

（1）医院现行的处方分析制度有哪些优缺点？

（2）如何提高医生处方的质量？

【实训案例】

案例1：患者，女，35岁。为预防癫痫大发作，常服用苯妥英钠，近日因胃溃疡经常胃痛、返酸，故除给予抗癫痫药外，加用治疗胃溃疡药物。

处方：

苯妥英钠片	0.1g×100片	0.1g/次	tid p.o.
西咪替丁片	0.2g×100片	0.2g/次	tid p.o.

案例2：患者，女，25岁。淋雨后第二天发冷、高热、咳嗽，诊断为急性呼吸道感染。

处方：

青霉素钠注射液	160万U	bid	i.v.gtt
阿奇霉素	0.5mg	bid	i.v.gtt

案例3：患者，男，56岁。二年来常感头痛、头晕，注意力不集中。今日因工作繁忙，头痛、头晕症状加重，来院就诊。测血压23.2/14 kpa（正常值<18.6/12 kpa），心电图示左心室肥大，诊断为高血压（Ⅱ期）。

处方：

氢氯噻嗪	12.5mg	qd
普萘洛尔	10mg	tid
硝苯地平	10mg	tid

案例4：张某，男，68岁。劳累后反复发作胸骨后压榨性疼痛6个月就诊，医生诊断为冠心病心绞痛。

处方：

硝酸甘油片	0.5mg×30	0.5mg/次	舌下含化
普萘洛尔片	10mg×30	10mg/次	tid

案例5：患者，男，22岁。因反复发作性喘息一年，呼吸困难，胸闷、咳嗽三天就诊，经检查诊断为支气管哮喘。

处方：

舒喘灵（沙丁胺醇）喷雾剂	每次2喷	必要时
氨茶碱片	0.1g/次	tid
二丙酸倍氯米松	每次2喷	bid

案例6：患者，女，35岁。上腹痛一日余，空腹和夜间疼痛明显，伴反酸，嗳气。食欲正常，体重无明显减低。胃镜检查确诊为十二指肠溃疡伴幽门螺杆菌感染。

处方：

雷尼替丁	150mg	qn

阿莫西林	0.5g	tid	
胶体次枸橼酸铋	1包	tid	温水冲服。

案例7：患者，女，43岁。消瘦，怕热、多食半年，脾气暴躁、突眼一月就诊。经检查示：三碘甲状腺原氨酸（T_3）、甲状腺素（T_4）增高，诊断为“甲状腺机能亢进症”。

处方：

他巴唑	100mg	tid
普萘洛尔	100mg	tid
地西泮	2.5mg	qn

案例8：患者，男，55岁。近一年来口干，多饮，多尿，多食，体重较前下降5 kg，查尿糖+++，空腹血糖9.6 mmol/L，诊断为非胰岛素依赖型糖尿病（2型糖尿病）。

处方：

格列本脲	25mg	tid
二甲双胍片	0.5g	tid

实训二 处方审核实训

一、基本知识

处方审核，是指药学专业技术人员运用专业知识与实践技能，根据相关法律法规、规章制度与技术规范等，对医师在诊疗活动中为患者开具的处方，进行合法性、规范性和适宜性审核，并作出是否同意调配发药决定的药学技术服务。

1. 处方审核操作规程

（1）审核资质：取得药学专业技术职务任职资格（药师）方可从事处方调剂工作，未取得相应资格者应在药师指导下从事处方调配工作。

（2）审核内容：处方前记、正文和后记书写是否清晰、完整，并确认处方的合法性。包括：处方类型（麻醉药品处方、急诊处方、儿科处方、普通处方）、处方开具时间、处方的报销方式（公费医疗专用、医疗保险专用、部分自费、自费等）、有效性、医师签字的规范性等。

（3）审核药师应当对处方用药适宜性进行审核，审核内容包括：

①规定必须做皮试的药品，处方医师是否注明过敏试验及结果的判定；

②处方用药与临床诊断的相符性；

③剂量、用法和疗程的正确性；

④选用剂型与给药途径的合理性；

⑤是否有重复给药现象；

⑥是否有潜在临床意义的药物相互作用和配伍禁忌；

⑦其他用药不适宜情况。

（4）药品调配做到“四查十对”，包括：

①查处方，对科别、姓名、年龄；

②查药品，对药名、剂型、规格、数量；

③查配伍禁忌，对药品性状、用法用量；

④查用药合理性，对临床诊断。

2. 审核处方规则

（1）处方记载的患者一般情况、临床诊断应清晰、完整，并与病历记载相一致。

（2）每张处方只限于一名患者的用药。

（3）处方字迹应当清楚，不得涂改。如有修改，必须在修改处签名并注明修改日期。

（4）处方一律用规范的中文或英文名称书写。书写药品名称、剂量、规格、用法、用量要准确规范，药品的用法可以使用中文、英文、拉丁文。但不得使用“遵医嘱”“自用”等含糊不清字句。

《处方管理办法》规定医生为患者开处方必须使用药品通用名。药品通用名即中国药品通用名称（CADN），是药品的法定名称，是同一种成份或相同配方组成的药品在中国境内的通用名称，具有强制性和约束性。每一种药品只有一个通用名，因此，使用通用名可避免重复用药的情况。一药一名，避免重复用药。

（5）年龄必须写明患者实足年龄，婴幼儿写日、月龄。必要时，婴幼儿要注明体重。

（6）西药、中成药可以分别开，也可以开在同一处方。中药饮片必须单独开具处方。西药、中成药处方，每种药品须另起一行。每张处方不得超过五种药品。

（7）一般按照药品说明书的常用剂量使用，特殊情况需要超剂量使用，应注明原因并再次签名。

（8）为便于药学专业技术人员审核处方，医师开具处方时，除特殊情况外必须注明临床诊断。

（9）开具处方后的空白处应划一斜线，以示处方完毕。

（10）医师的签字和签章必须和在药学部门留样备查的式样一致，不得任意改动。

（11）药品剂量与数量一律用阿拉伯数字书写。剂量应当使用公制单位：重量以克（g）、毫克（mg）、微克（ug）、纳克（ng）为单位；容量以升（L）、毫升（mL）为单位；国际单位（IU）、单位（U）计算。片剂、丸剂、胶囊剂、冲剂分别以片、丸、粒、袋为单位；溶液剂以支、瓶为单位；软膏及霜剂以支、盒为单位；注射剂以支、瓶为单位，应注明含量；饮片以剂或付为单位。

（12）处方一般不得超过 7 日用量；急诊处方一般不得超过 3 日用量；对于某些慢性病、老年病或特殊情况，处方用量可适当延长，但医师必须注明理由。处方为开具当日有效，特殊情况需延长效期的，由开具处方的医师注明有效期限，但最长不得超过 3 天。

（13）麻醉、精神药品的处方用量应当严格执行国家有关规定。开具麻醉处方时应有病历记录。

3. 用药适宜性审核

（1）处方用药与临床诊断的相符性。

①无适应证用药：咳嗽无感染诊断用阿奇霉素，I 类手术切口应用第三代头孢菌素，肠球菌感染应用克林霉素，大观霉素应用非淋球菌感染的泌尿系感染。

②无正当理由超适应证用药：超出说明书的适应症范围。

黄体酮用于输尿管结石、黄连素用于降血糖、坦洛新（治疗前列腺增生的药物）用于降压、阿托伐他汀用于补钙、二甲双胍用于非糖尿病患者减肥。

③盲目联合用药：表现在病因未明、单一抗菌药物已控制的感染、大处方、一药多名、联合应用毒性较大的药物。

治疗肠炎细菌感染性腹泻，给予小檗碱片、盐酸地芬酯片、八面体蒙脱石散。

④过度治疗用药：滥用抗生素、糖皮质激素、人血白蛋白、二磷酸果糖及肿瘤辅助药物等；无治疗指征盲目补钙，如：食管癌给予顺铂+氟尿嘧啶+表柔比星+依托泊苷，多加表柔比星、依托泊苷不能明显提高疗效，反而会增加毒性。

⑤有禁忌症用药：表现在忽略说明书上的提示；忽略病情和患者的提示。如伴有哮喘的青光眼患者，不得使用噻吗洛尔；伴有痛风的高血压患者，不得使用噻嗪类利尿药；伴有畸形肾的高血压患者，不得使用血管紧张素转化酶抑制剂（ACEI）。

（2）剂量、用法和疗程的正确性。

老年人用药剂量应比成年人有所减少，60～80 岁老人用药剂量可为成人的 3/4 以下；80 岁以上的老人用药剂量可为成人的 1/2。

儿童用药剂量应按药品说明书推荐的儿童剂量（每千克或每平方米用量）按儿童体重或体表面积计算。

（3）选用剂型与给药途径的合理性。

根据临床治疗需要选择给药途径，一般情况下，选择的原则是能吃药则不打针，能打针则不输液；重症、急救治疗时，要求药物迅速起效，适宜选择静脉注射、静脉滴注、肌内注射、吸入及舌下给药方式；轻症、慢性疾病治疗时，因用药持久，适宜选用口服给药途径；皮肤疾病适宜选择外用溶液剂、酊剂、软膏剂、涂膜剂等剂型。腔道疾病治疗时宜选局部用栓剂等。

（4）是否有重复给药现象。

重复用药易发生用药过量，导致不良反应甚至中毒。其主要原因如下。

①一药多名。

每个药品一般都有两个名称，一是中国药品通用名称（CADN），是药品的法定名称具有强制性和约束性；另一是商品名，不同厂家同一药品可有不同的商品名。因此可能会造成患者以为不同的商品名就是不同的药品，从而造成重复用药。

②中成药中含有化学药成分。

降糖药（常含格列本脲）：消渴丸、消糖灵胶囊等。

降压药（常含氢氯噻嗪）：降压避风片、脉君安片、珍菊降压片（珍菊避风脉君安）等。

止咳平喘药（常含麻黄碱、抗组胺药）：咳喘灵、咳必清、鼻炎片等。

二、实训设计

【实训目的】

（1）掌握处方审核的流程。

（2）熟悉处方审核的要点和注意事项。

【实训准备】

（1）收集处方。

（2）实训分组（3~4 人为一组）。

【实训步骤】

1. 审核处方

（1）法律层面审核。

① 医师签名：是否为本院医师或经本院合法授权医师所开具。

② 处方权限：如麻醉药品、精神药品、抗菌药物，医师是否有处方权限。

③ 处方的完整性与规范性：如患者基本信息是否完整，文字是否正确清晰、完整等。

（2）技术层面审核。

① 审核处方类型与使用对象是否相符。

② 审核处方适应症与临床诊断是否相符。

③ 审核处方中的药物剂量和使用方法是否正确。

④ 审核处方中药物剂型与给药途径选择是否正确。

⑤ 审核处方中的注射用药物是否需要做皮试。

⑥ 审核处方是否重复用药。

⑦ 审核处方是否有潜在临床意义的药物相互作用和配伍禁忌。

⑧ 审核处方中是否存在特殊病人的用药禁忌及其他用药不适宜情况。

2. 分组讨论

对实训中提供的处方分组进行讨论，审核处方的合理性。

3. 学生代表总结发言

分组讨论后，每组选一名学生代表总结发言。

4. 实训评价

教师总结学生的实训情况，并再次强调处方审核的相关知识。

思考与探索

（1）处方中的哪些部分容易出现不规范性？

（2）处方审核中最困难的部分有哪些？

（3）如何提高药师审核处方的准确度和效率？

【实训案例】

案例1：患者，男，47岁。患呼吸道感染较严重，药敏试验对青霉素与庆大霉素敏感。

处方：

青霉素钠注射液	160万U	bid	i.v.gtt
硫酸庆大霉素	24万U	qd	i.v.gtt

案例2：患者，男，19岁。因反复咳嗽、咳痰伴咯血三周就诊，胸片检查，诊断为肺结核。

处方：

异烟肼	0.3g	qd
利福平	0.45g	qd
乙胺丁醇	0.75g	qd
护肝片	0.2g	qd

案例3：张某，男，71岁。因下肢浮肿，胸闷、气急就诊，诊断为慢性心功能不全。

处方：

地高辛片	0.25mg×10	0.25mg/次	3次/d
氢氯噻嗪片	25mg×30	25mg/次	3次/d
泼尼松片	5mg×30	10mg/次	3次/d

案例4：徐某，男，65岁。劳累后反复发作胸骨后压榨性疼痛6个月就诊，医生诊断为冠心病心绞痛。

处方：

硝酸甘油片	0.5 mg×30	0.5 mg/次	舌下含化
普萘洛尔片	10 mg × 30	10 mg/次	tid

案例5：李某，男，51岁。因心力衰竭、肾功能不全、尿少入院，合并泌尿系统感染。

处方：

硫酸庆大霉素注射液	8万U×6	bid	肌内注射
5%葡萄糖氯化钠注射液	500 mL×3		
呋塞米注射液	20mg×3	qod	静滴

实训三　处方调配实训

一、基本知识

《药品经营质量管理规范》明确规定：处方调配是指医院药剂科或社会药房的调剂工作人员或营业人员根据医师处方调剂、配给药品的过程。包括对门诊中、西药处方，急诊处方和住院中、西药处方的调配。处方调配基本程序分为收方、审方、划价、调配、核对、发药以及安全用药指导等环节。取得药学专业技术职务任职资格的人员方可从事处方调配工作。处方调配的基本程序如下：

1. 审　方

药师收方后首先应审查处方，审查处方是调剂工作的第一步，是保障用药安全、有效预防和纠正差错事故的措施之一。审核内容包括“四查十对”。

2. 划价及收费

划价：医师处方经收方审查后，按处方所列药品的剂量、用法和用药天数，计算药品价格并标明在处方上。

收费：一般由收费处的财务人员执行。

3. 调　配

（1）配方药师在接到处方后首先确定配方无误。

（2）配方药师必须仔细辨别一些易混淆的药品名。

（3）按顺序逐一药品调配。对于贵重药品、麻醉药品、精神药品及医疗毒性药品，应按照相应的管理规定进行调配使用。

（4）急诊处方要优先调配，其余处方按秩序进行调配，调配好一张处方的所有药品后，再调配另一张，以免发生差错。

（5）配方药师应按处方要求正确书写药袋或粘贴标签，注明患者的姓名和药品名称、用法用量。

（6）对需要特殊保存的药品加贴醒目的标签以提示患者注意，如“置 2 ~ 8℃保存”。

（7）配方药师取药完毕后应及时将储存药品的容器或包装归回原位。回收空瓶并做好记录。

（8）调配完毕后，配方药师再次核对并签名或盖名章，然后传递给药窗口的药师。

特殊调剂：根据患者个体化用药的需要，药师应在药房中进行特殊剂型或剂量的临时调配，如稀释液体、磨碎片剂并分包、分装胶囊、制备临时合剂、调制软膏等，应在清洁环境中操作，并作记录。

4. 核　对

窗口药师需对照处方再次核对处方，也必须做到“四查十对”。

（1）窗口药师逐一核对药品与处方的相符性，检查规格、数量，并签字。

（2）发现配方错误时，应将药品退回配方药师，并及时更正。

5. 发药及用药交代

（1）核对患者姓名，最好询问患者所就诊的科室以帮助确认患者身份。

（2）向患者说明每种药品的用法用量和特殊注意事项，同一药品有两盒以上时要特别说明。

（3）发药时应注意尊重患者隐私。

（4）尽量做好门诊用药咨询工作。如患者有问题咨询，应尽量解答，对较复杂的问题可建议到用药咨询窗口。

发药及用药交代与指导，其实就是用简单通俗的语言指导患者正确使用药物。指导的内容包括：用药时间、药物剂型的正确使用、注意事项、用药禁忌、药品贮存、药品不良反应信息反馈等。

二、实训设计

【实训目的】

（1）掌握处方调配的方法。

（2）熟悉处方调配的程序，准确调配处方并为患者提供用药指导。

【实训准备】

（1）模拟药房，收集处方案例。

（2）实训分组（3~4 人为一组）。

【实训步骤】

（1）收方：以小组为单位对收到的处方进行审核。

（2）调配：经审核确认为合格处方后，按处方调剂程序进行药品调配。

（3）核对与发药：调剂人将调配好的药品交给发药人，发药人再次核对处方与调剂药品后，向患者发放药品，并进行用药指导（用法用量与注意事项等）。

（4）用药咨询：当患者有疑问时，可向发药人进行用药咨询（每个模拟患者都需提 1~2 个疑问）。

（5）学生代表总结：总结调配过程中发现的问题等。

（6）教师点评：教师针对学生的调剂过程及用药咨询进行即时点评。

思考与探索

（1）处方调配过程中容易出现哪些差错？

（2）如何有效避免出现处方调配差错？

（3）发药时怎样进行用药指导才能让患者理解和记忆得更清楚明白？

【实训案例】

处方 1

患者：男，65 岁

诊断：高血压（Ⅱ期）

用药：	氢氯噻嗪	12.5mg/次	qd
	普萘洛尔	10mg/次	tid
	硝苯地平	10mg/次	tid

处方 2

患者：男，63 岁

诊断：冠心病心绞痛

用药：	硝酸甘油片	0.5mg×30	0.5mg/次	舌下含化
	普萘洛尔片	10mg×30	tid	

处方 3

患者：女，33 岁

诊断：十二指肠溃疡伴幽门螺杆菌感染

用药：	雷尼替丁	150mg/次	早晚各一次	
	阿莫西林	0.5g/次	tid	
	胶体次枸橼酸铋	1 包	tid	温水冲服。

处方 4

患者：女，52 岁

诊断：2 型糖尿病

用药：	盐酸二甲双胍缓释片	0.5g/次	tid

处方 5

患者：女，69 岁

诊断：心悸，失眠，上呼吸道感染

用药：	银黄颗粒	1 袋	bid
	感冒清热冲剂	1 袋	bid
	人参归脾丸	1 粒	bid

处方 6

患者：女，36 岁

诊断：牙周炎

用药：	替硝唑片	0.5g×6 片	0.5/次	q.12h
	阿莫西林胶囊	0.25g×24 粒	0.5/次	q.8h

处方 7

患者：男，30 岁

诊断：上呼吸道感染

用药：	清热解毒软胶囊	20 粒×2 盒	2 粒	tid
	急支糖浆	100 毫升	10 毫升	tid

处方 8

患者：女，40 岁

诊断：胆绞痛

用药：	盐酸哌替啶注射液	50mg×1	50mg	im
	硫酸阿托品	0.5mg×1	0.5mg	im

处方 9

患者：男，20 岁

诊断：支气管哮喘

用药：	醋酸泼尼松片	5mg×30	5mg/次	tid
	氨茶碱片	0.1g×20	0.1g/次	tid
	溴己新片	8mg×40	16mg/次	tid

处方 10

患者：男，13 岁

诊断：癫痫小发作

用药：	丙戊酸钠片	0.2g×30	0.1g	tid
	氯硝西泮	2mg×30	2mg	tid

处方 11

患者：女，40 岁

诊断：胆绞痛

用药：	盐酸哌替啶注射液	50mg×1	50mg	im
	硫酸阿托品	0.5mg×1	0.5mg	im

处方 12

患者：男，50 岁

诊断：甲状腺功能亢进

用药：	丙硫氧嘧啶	0.1×30	0.1g tid
	普萘洛尔	10mg×30	10mg tid
	地西泮	5mg×10	5mg qn

扫码观看项目五的操作视频

参考文献

[1] 国家药典委员会. 中华人民共和国药典[M]. 北京:中国医药科技出版社, 2020.

[2] 全国卫生专业技术资格考试用书编写专家委员会. 全国卫生专业技术资格考试指导：2021 药学（士）[M]. 北京：人民卫生出版社, 2021.

[3] 葛淑兰, 张彦文. 药物化学[M]. 3 版.北京：人民卫生出版社, 2018.

[4] 刘文娟, 李群力. 药物化学[M]. 3 版.北京：中国医药科技出版社, 2017.

[5] 朱照静, 张荷兰. 药剂学[M]. 北京：中国医药科技出版社, 2017.

[6] 方亮. 药剂学[M]. 8 版.北京：人民卫生出版社, 2016.

[7] 龙晓英, 田燕. 药剂学[M]. 2 版. 北京：科学出版社, 2016.

[8] 崔福德. 药剂学实验指导[M]. 北京：人民卫生出版社, 2011.

[9] 孙莹, 刘燕. 药物分析[M]. 3 版. 北京：人民卫生出版社, 2018.

[10] 孙威. 药用仪器分析技术[M]. 江苏：江苏教育出版社, 2018.

[11] 任玉红, 闫冬亮. 仪器分析[M]. 北京：人民卫生出版社, 2018.

[12] 甄会贤. 药物检测技术[M]. 3 版.北京：人民卫生出版社, 2020.

[13] 罗跃娥, 樊一桥. 药理学[M]. 3 版.北京：人民卫生出版社, 2018.

[14] 尚少梅, 吴宏. 药理学[M]. 北京：北京出版社, 2015.

[15] 刘斌, 罗跃娥. 药理学[M]. 2 版.北京：高等教育出版社, 2014.

[16] 秦红兵, 陈俊荣. 药学服务实务[M]. 2 版. 北京：人民卫生出版社, 2018.